BRASS IN COLOR®

初学学习法系列

小号

第一册

作者 Sean Burdette

翻译 Yee Kwan Wong

插图
David Orr, BLUE ASTER STUDIO
Bloomington, IN, USA

标准书号 ISBN 13: 978-1-949670-07-3

欢迎来到"彩色的铜管乐" (Brass in Color)！

这个"彩色的铜管乐"初学学习法系列里的小号教程（第一册）将会介绍一个以不同颜色编成的指法谱（彩色指法）来帮助学生学习小号的指法，以及应用在中音音域的吹奏上。

在这个初学学习法系列之中，学生会先聆听导师吹奏来学习不同的音高。然后，学生就可以很容易地使用彩色指法来对音高和小号指法进行配对了。

为了方便导师知道所要吹奏的音，我们也在每一课里面附上了标准的音乐记谱法。这样，学生也可以在配对音高和指法的同时，学习阅读乐谱上的音符。这些课程都没有加入呼吸，吐音，力度，速度等记号。导师可按个别需要自行加上标记。另一方面，为了让学生可以专注学习聆听音高以及与之对应的指法，本教材并未使用任何调号。

《彩色的铜管乐》有三个主要的部分。第一部分的**课程**会介绍新的指法，音高和乐理。第二部分的**技巧练习**主要包括一些两个小节的练习来帮助学生巩固，复习学过的内容。第三部分是**歌曲**，让学生尝试吹奏成段的旋律。

这一套小号的初学方法系列还有一个伴学网站：

BRASS IN COLOR (www.brassincolor.com)

你可以在这个网站找到每一课的音频，多样的学习活动，视频以及其他资源来帮助学生学习吹奏小号。

目录

中音域的指法

"彩色的铜管乐"初学学习法系列的基础框架，是由中音域的音开始的。中音域以G音开始，那是五线谱上第二个线音。中音域余下的音是一个下行的半音阶，直到 **D♭** 和 **C♯** 这两个音为止，在五线谱第一根线以下。（中音域是"彩色的铜管乐"学习法里面的一个概念。）

右图展示了我们用来按小号活塞的右手手指。小号的指法则展示在下图。我们用这些指法的不同组合来在小号吹奏出不同的音。我们把我们的彩色指法（一个以不同颜色编成的指法谱）和音符都列在这些活塞的组合图上面，因为他们都是跟中音域的音相关的。

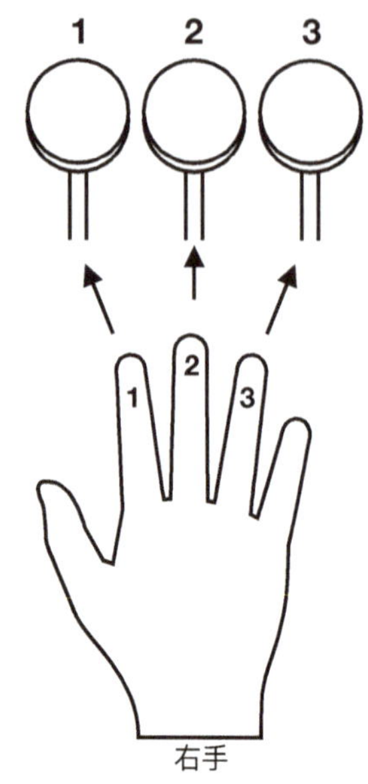

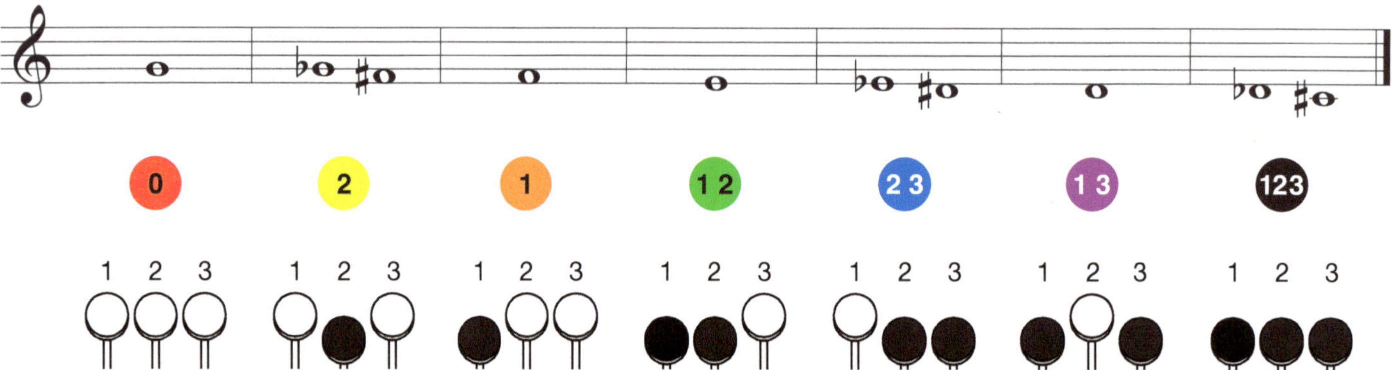

节奏

下图有四个方格，每个方格代表一个小节里的一拍。四个方格代表一个4/4拍子的小节。这些标有数字的方格（从1到4）显示一个小节里单独的一拍，而每一拍都跟彩色指法对应。在彩色指法中，一个彩色的圆圈代表一拍，而后面连着一根线的彩色圆圈代表两拍或以上的拍子。这样，彩色指法就在视觉上显示了这些音的音长有多长。

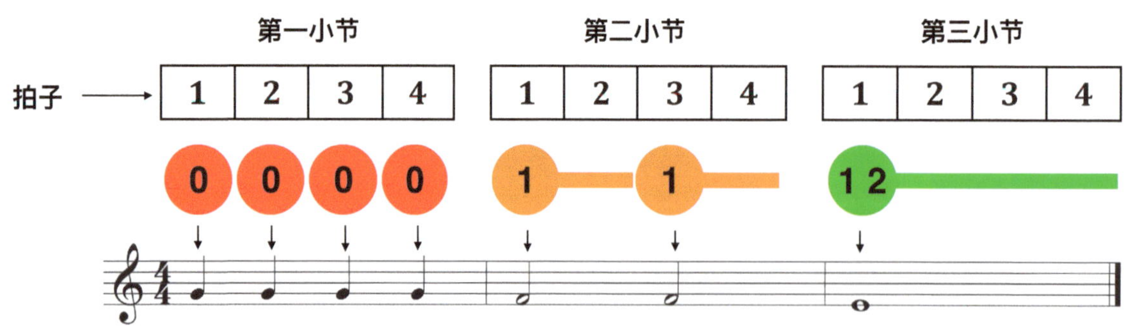

听音吹奏

在听音吹奏的部分，我们会列出这本书内所有课程，技巧练习和歌曲里的彩色指法。学习听音吹奏的时候，学生会聆听导师吹奏练习的内容，或者使用网上的录音音频 (brassincolor.com)。然后，学生会用彩色指法来在小号上按下正确的活塞，以便吹奏出该音高以及模仿老师吹奏出的音色。

看谱吹奏

在看谱吹奏的部分，我们会告诉导师他们在学生听音的时候所吹奏的内容。看谱吹奏部分也会教导学生如何使用标准的音符记谱法。不过，你可以选择跳过这个部分，直到学生已经能用听音吹奏来掌握到音色和吹奏技巧为止。

第一节课备忘

- ☑ 讲解小号吹奏的基本要点，包括吹奏时的正确姿势，小号的握法，以及怎么样吹响小号。
- ☑ 让学生熟悉一下小号的基本构造。
- ☑ 让学生先不吹奏，按一下小号活塞的不同组合（例：按下第一和第二活塞，或者让他们展示第一和第三活塞)。
- ☑ 拿掉主调音管，练习用哨管吹奏长音，直到学生可以在小号上吹出持续，稳定的声音为止
- ☑ 重新放入主调音管，让学生不按活塞，随意吹出一个音。学生应该会发出一个**G**音或者**C**音。如果对于学生来说吹低音**C**舒服一些，那么就从40页的**低音C练习**开始。如果学生吹**G**舒服一些，那么就从12页的**第一课**开始。

准备开始吹奏

1) 把小号箱子放在地上，或者一张不会滑跌的桌子上。小心地打开箱子。确保箱子不要上下放反了。

2) 从箱子中取出小号，用右手拿着。

3) 从箱子中取出号嘴，并轻轻地把它放到小号后方的主哨管里。放的时候，不要按压或扭动号嘴。

乐器的握法

你可以在下图看到吹奏小号的时候，握乐器的握法。

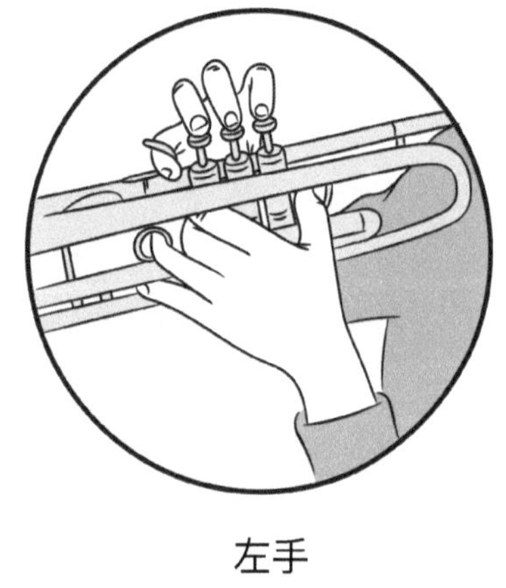

左手

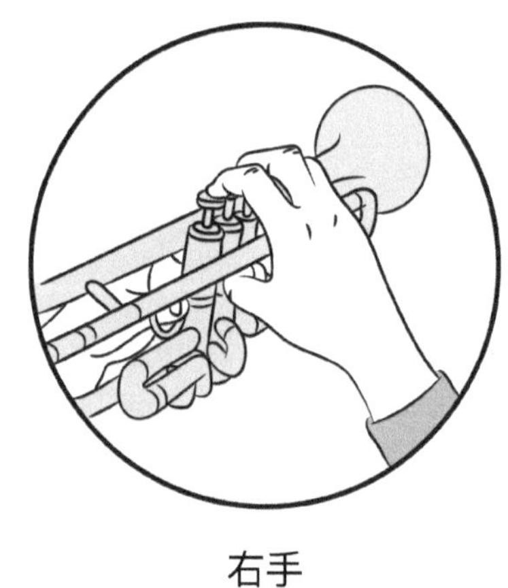

右手

坐姿

首先，你得坐好，坐直。不要往后靠着椅子。第二，双脚踩地。第三，检查一下，你的身体应该是稍微往前倾的。

呼吸练习

正确的呼吸方法会帮助我们吹响小号。呼吸有两个部分：第一，吸气，第二，吹气。
坐在椅子上，练习一下放松地深呼吸。这样的深呼吸就好像你在很困的时候打哈欠一样。

然后，练习呼气，记得要让空气很快地出来。放松，而且不要把空气逼出来，而是好像你在叹气一样。
把这个步骤做完几遍以后，试着在说"吐"字的时候把气放出来，但是不要用喉咙发出任何声音。

吹响小号

吹奏小号的时候，你要用你的嘴唇发出一种"滋滋作响"的声音。你要做的第一件事是念"M"这
个英文字母。念完 "M" 以后，你做的第二件事，是要保持你的上下唇靠在一起。这就是吹奏
的时候，你的嘴巴所要保持的正确姿势。

然后，深呼吸，念 "M" 这个英文字母。让上下唇靠在一起。然后吹气，让气流从上下唇中间
出去。你的上下唇一起震动的时候，就会发出"滋滋作响"的声音了。你小号的声音就是这样来
的了。

最后，试着只用号嘴来练习嘴唇的震动。这样，你就能听得出来嘴唇的震动是怎样把小号吹
响的了。

小号的构造

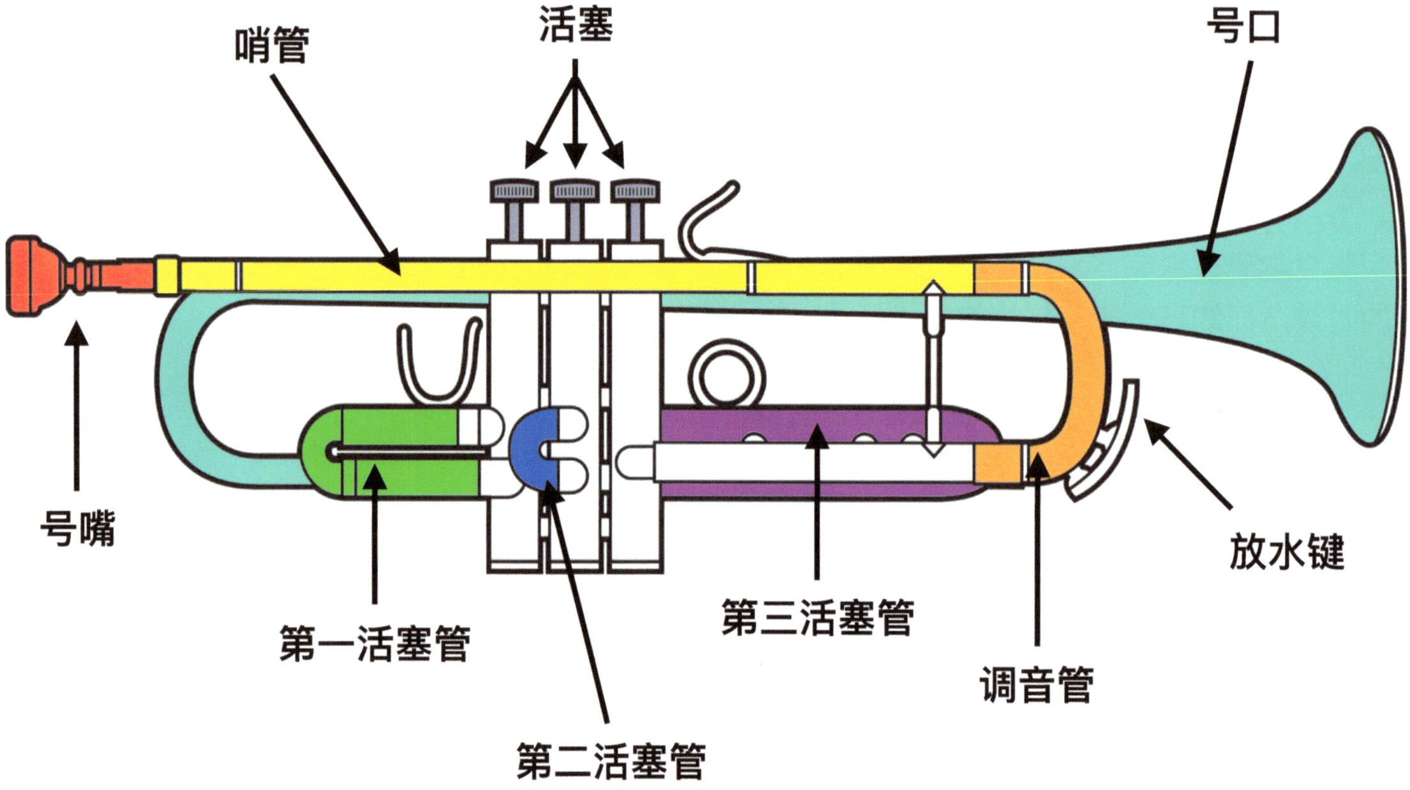

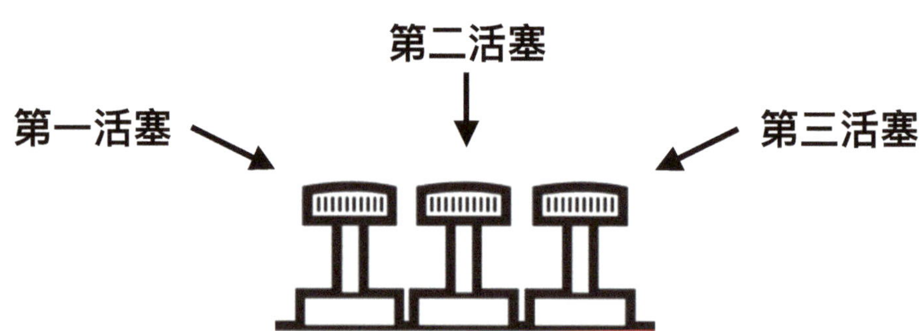

第一活塞比较靠近号嘴，和第一活塞管相连。**第二活塞**在中间，和第二活塞管相连。**第三活塞**比较靠近小号的号口，和第三活塞管相连。

小号的构造

号嘴是用来在小号上发出声音的。在号嘴上震动嘴唇，就可以用小号发出声音了。

哨管是一条连接号嘴和调音管的笔直的管道。

号口会把小号的声音投射出去。

调音管是用来为小号调音的。调音管的末端是**放水键**。当你吹奏的时候，调音管里面会开始有水气形成。你可以用放水键来把小号里面积累的水放出来。

第一活塞管是给第一活塞调音用的。只有在给用到第一活塞的音调音的时候，我们才会移动这根活塞管。

第二活塞管是给第二活塞调音用的。我们很少用到这根活塞管。

第三活塞管是给第三活塞调音用的。只有在给用到第三活塞的音调音的时候，我们才会移动这根活塞管。有的第三活塞管也有一个放水键。

小号一共有三个活塞，和七个不同的按活塞的组合方法。我们把这些组合称为"指法"，用来吹奏不同的音。

标注小号的构造

给下面小号的不同部分标号。按着小号不同部分的
名称，在空格上写上正确的英文字母。

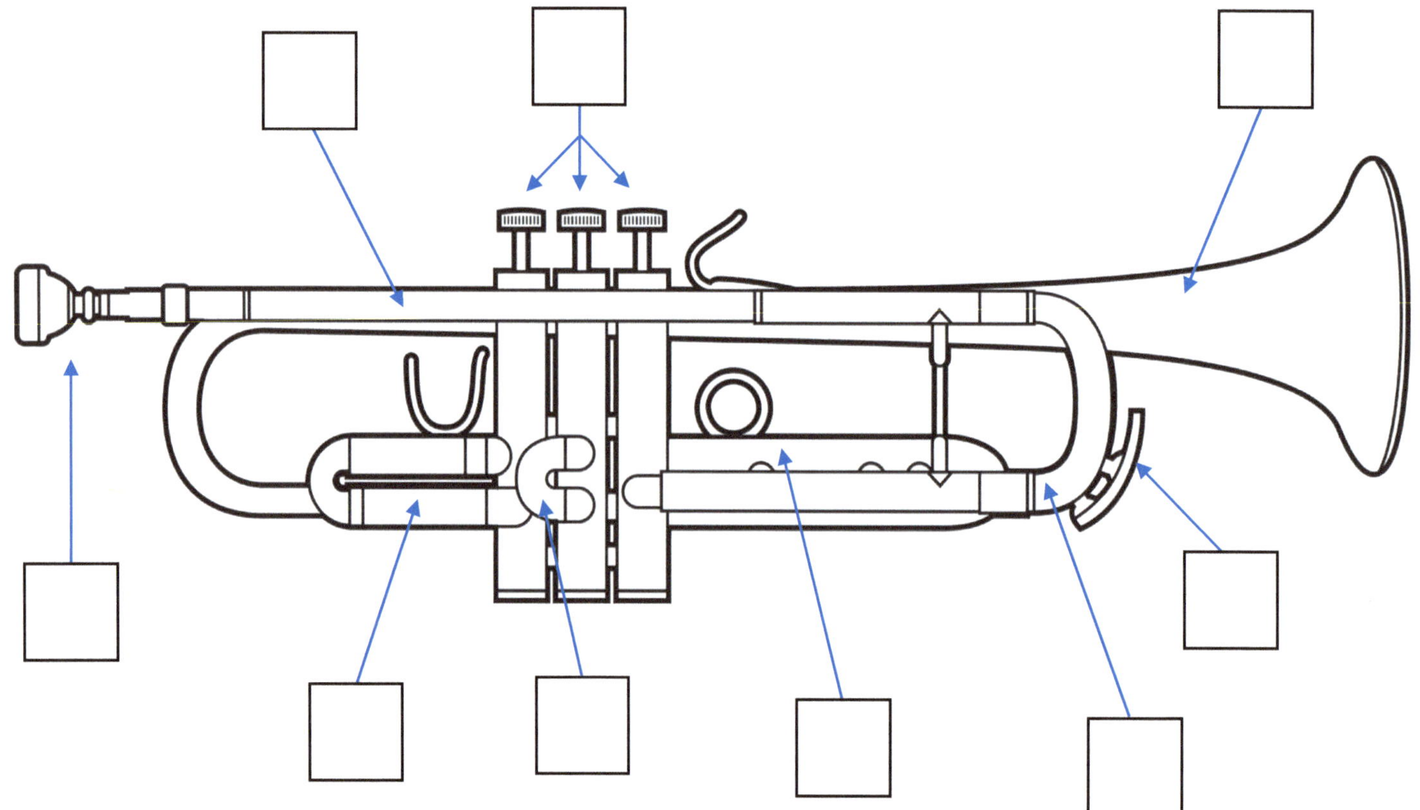

A - 号口   D - 哨管   G - 号嘴

B - 第一活塞管   E - 第二活塞管   H - 第三活塞管

C - 活塞   F - 调音管   I - 放水键

学习小号的指法

1) 圈出图中按下的活塞的名字（也就是打上阴影的活塞）。

2) 在圆圈里写上每一个按下的活塞的指法号码（**1**，**2**或者**3**）。如果没有按下任何活塞，就写上**0**。

3) 按着下面这个表，给这些圆圈填色。第一个圆圈的颜色已经填好了。这些就是我们的颜色指法。

0 = 红色　　**23** = 蓝色
2 = 黄色　　**13** = 紫色
1 = 橙色　　**123** = 黑色
12 = 绿色

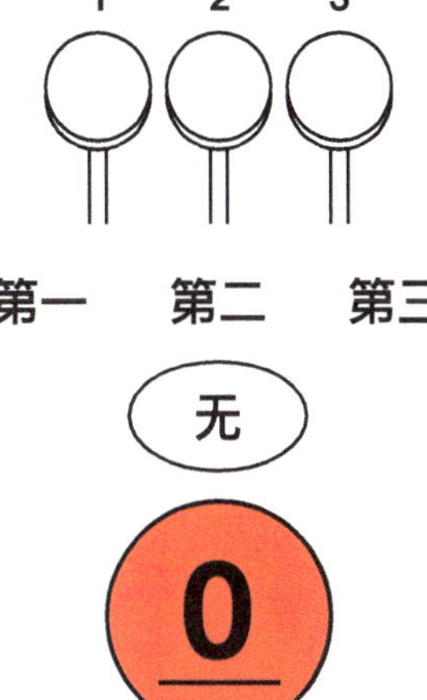

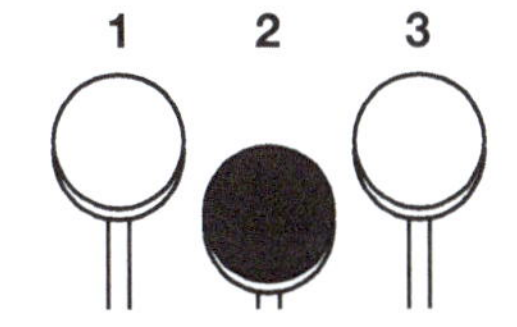

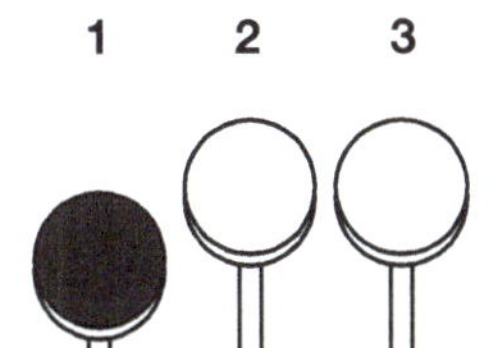

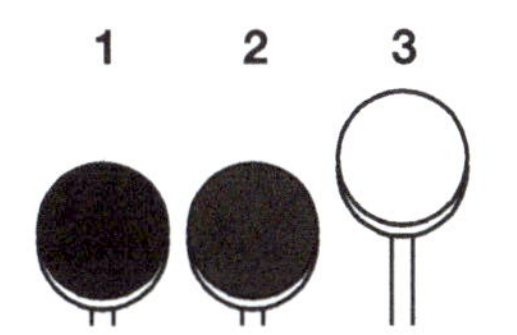

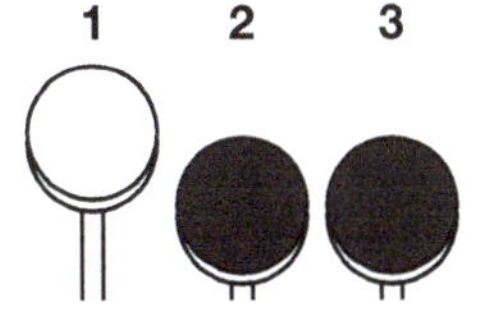

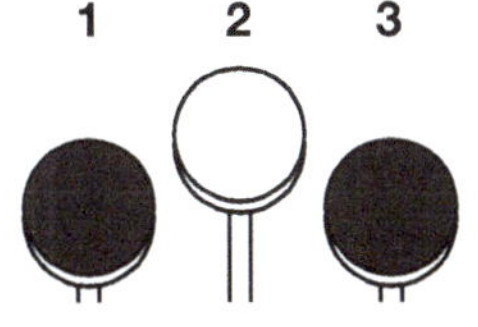

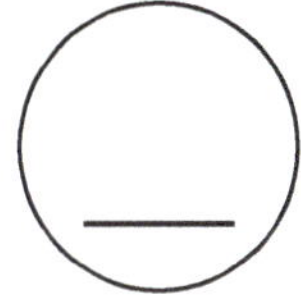

导师备注：如果对于学生来说，吹低音**C**比吹**G**音舒服一些，那么就从40页的**低音C练习**开始。

空键 0

这个指法不需要按任何活塞，称为"空键"。不按任何键的时候，我们用"彩色指法"的一个红色圆圈和 "**0**" 来表示。

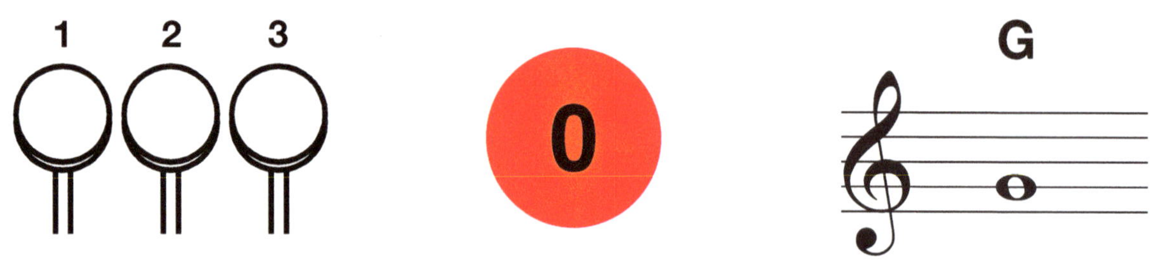

听音吹奏

听听以下这个练习，然后用彩色指法吹奏你听到的音。

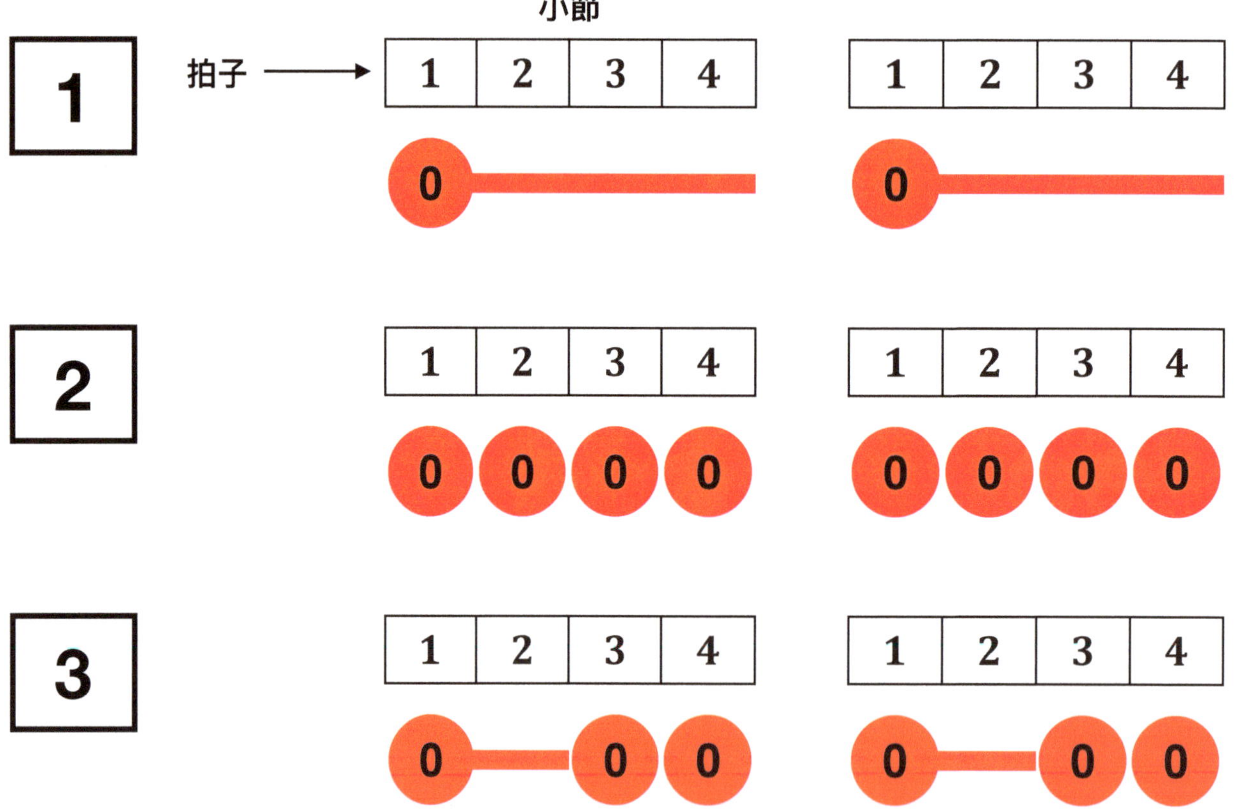

节奏与拍子记号

有两件事情决定了音乐的结构：它的**拍子**（音乐里稳定的律动）以及它的**速度**（拍子打得有多快）。打拍子的时候营造出来的不同音长叫做**节奏**。

乐谱上的**拍子记号（拍号）**会告诉你多少拍为一个小节，还有一拍的节奏有多长。

 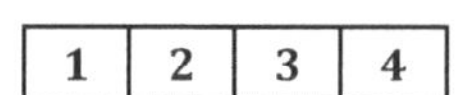

这个拍号表示四拍为一个小节，以四分音符为一拍。

四分音符　　　　　　　　二分音符　　　　　　　　全分音符

看谱吹奏

看着乐谱来吹奏下面的练习。

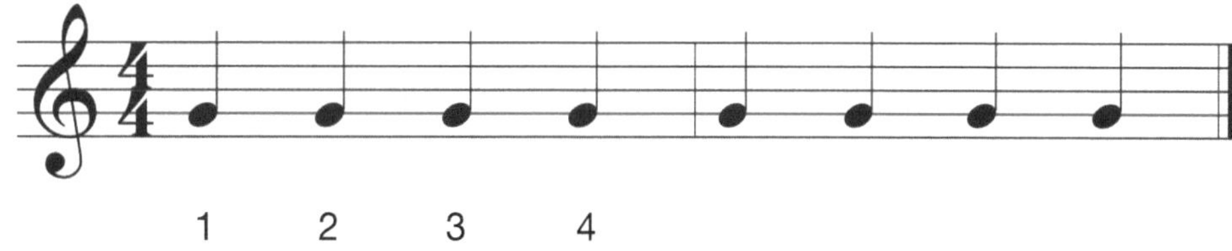

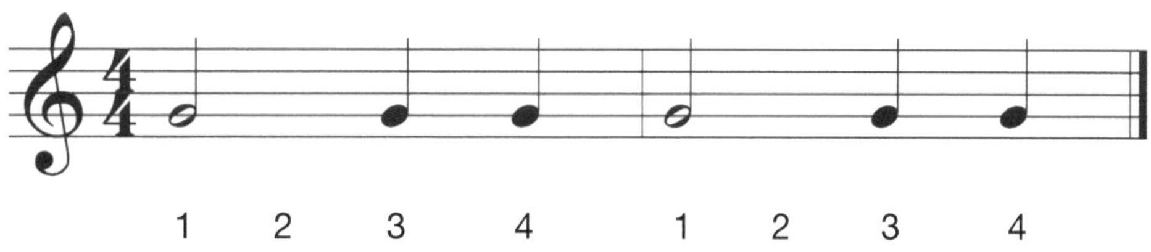

第二活塞 

这个指法需要你按下第二活塞。按第二活塞的时候，你就会吹出一个比空键低半度的音。我们用一个黄色圆圈和 "**2**" 来表示这个指法。

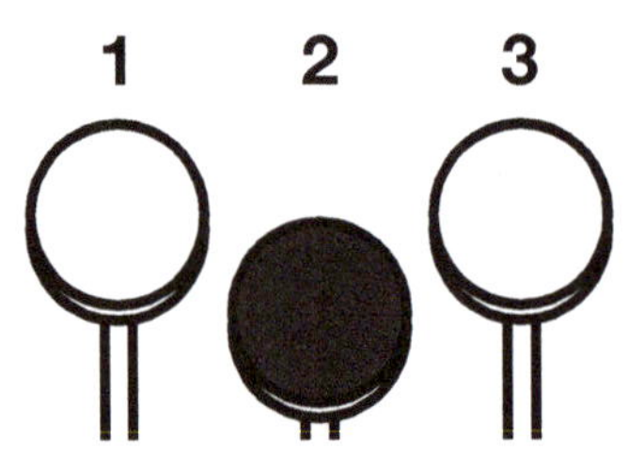

听音吹奏

听听以下这个练习，然后用彩色指法吹奏你听到的音。

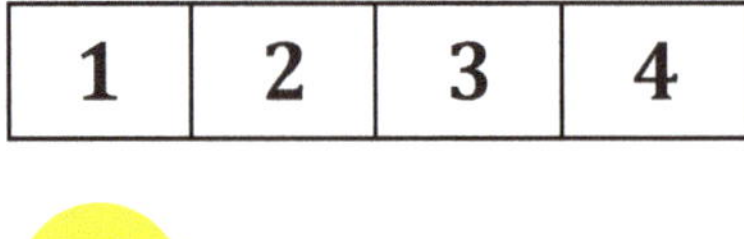

4	1	2	3	4		1	2	3	4
	2 ————————					2 ————————			

5	1	2	3	4		1	2	3	4
	2	2	2	2		2	2	2	2

6	1	2	3	4		1	2	3	4
	2	2	2 —			2	2	2 —	

降号与升号

在乐谱里，**降号**是这个（♭），而**升号**是这个（♯）。降号（♭）告诉我们要降低半度，而升号（♯）告诉我们要提高半度。右边的这个图说明当你在一个音符后面加上降号或者升号的时候，会有什么样的情况。

G♭和F♯听起来是一样的，可是它们的写法不一样。这是因为，G♭和F♯的音高就在 G 和 F 中间。

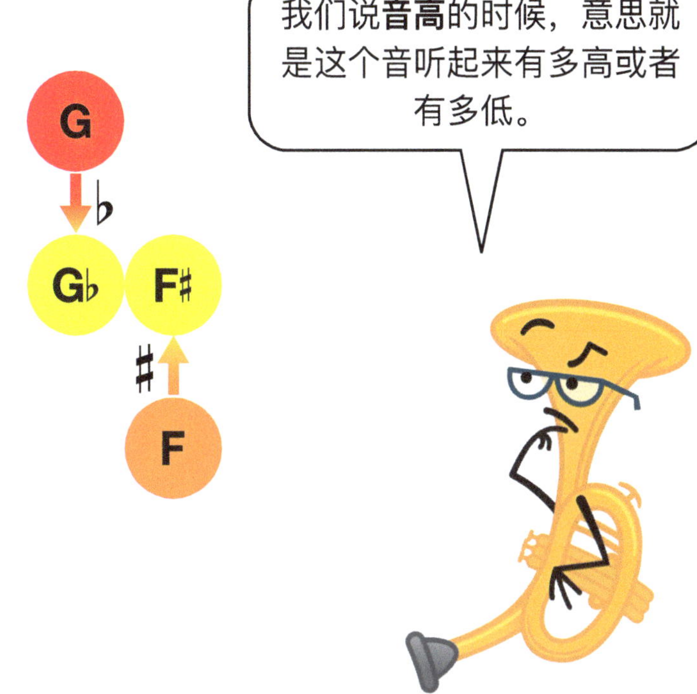

看谱吹奏

看着乐谱来吹奏下面的练习。

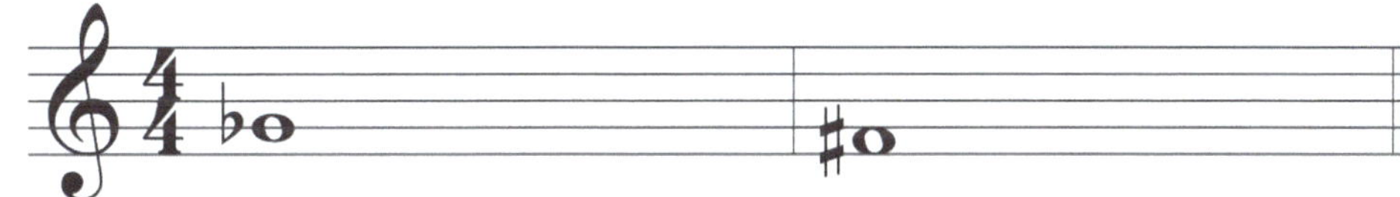

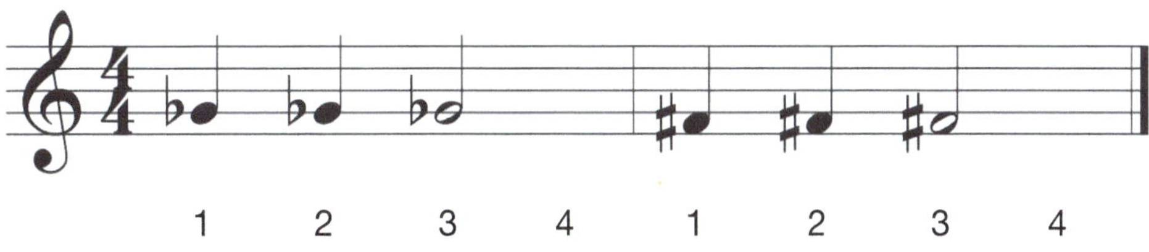

第一活塞 

这个指法需要你按下第一活塞。按第一活塞的时候，你就会吹出一个比第二活塞低半度的音。我们用一个橙色圆圈和 "**1**" 来表示这个指法。

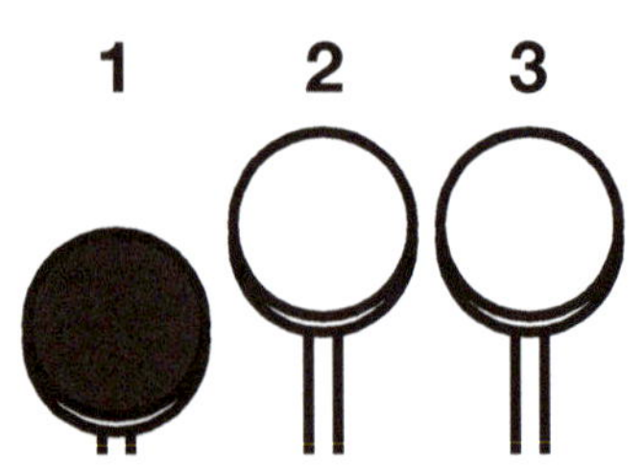

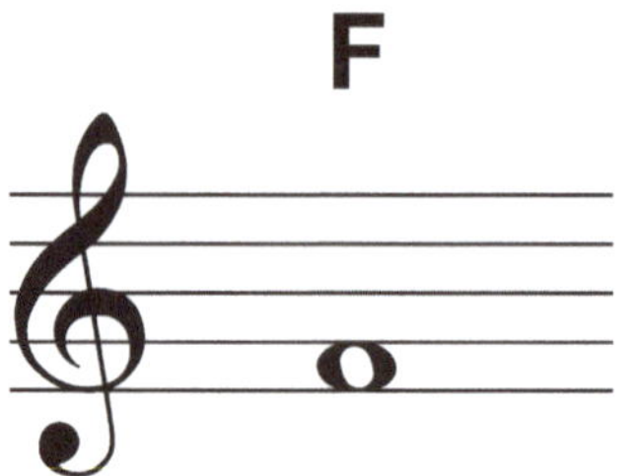

听音吹奏

听听以下这个练习，然后用彩色指法吹奏你听到的音。

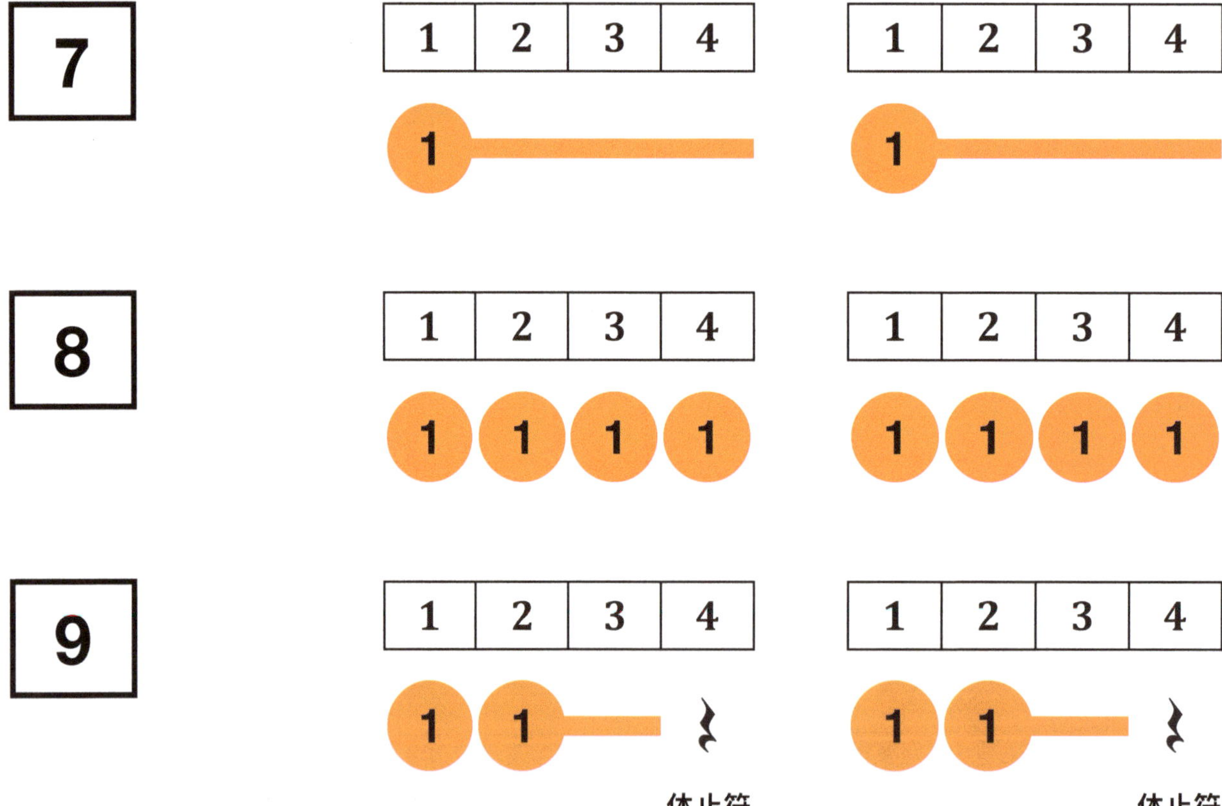

休止符

休止符是表示音乐里静止和停顿的记号。以下是一个四分休止符的例子。看见一个四分休止符的时候，你要停顿一拍的时间，也就是说，这一拍里你不会吹奏任何音。

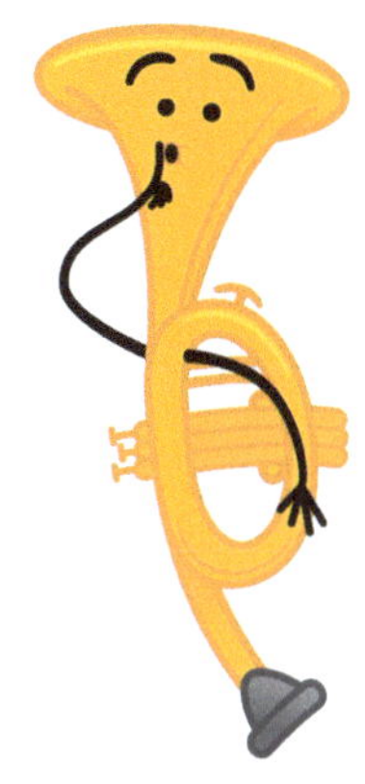

 = 1拍

四分休止符

例子

看谱吹奏

看着乐谱来吹奏下面的练习。

7

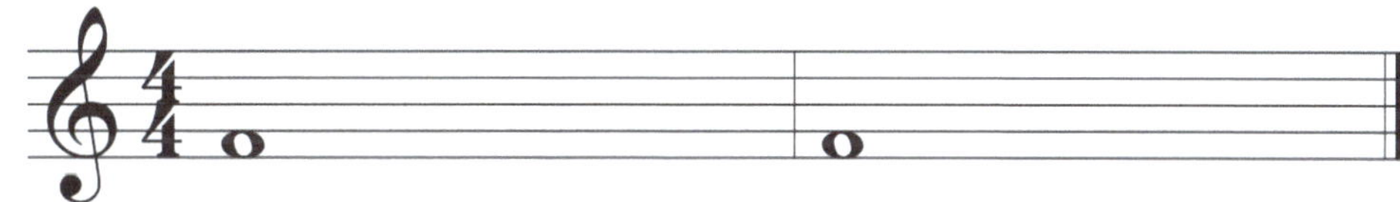

8

9

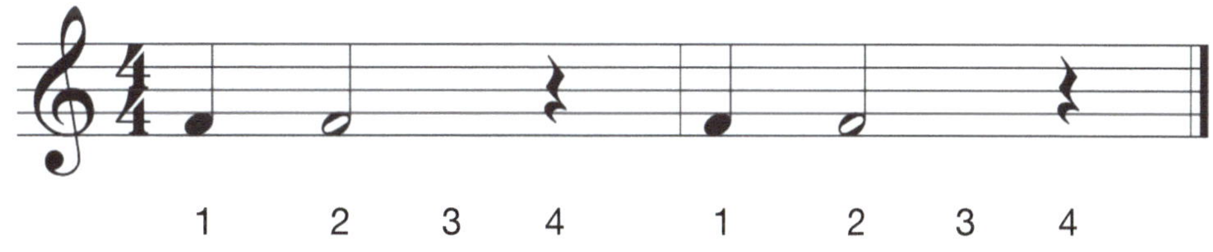

技巧练习（一）

换音

彩色指法会告诉你什么时候要换一个音来吹。在吹奏每一个练习之前，先练习一下按活塞。

换音的时候，你得确保每个活塞都按到底。

听音吹奏

听听以下这个练习，然后用彩色指法吹奏你听到的音。

10

1	2	3	4	1	2	3	4
0	—	2	—	0	—	𝄽	𝄽

11

1	2	3	4	1	2	3	4
0	0	1	1	0	—	—	—

12

1	2	3	4	1	2	3	4
0	2	1	—	0	2	1	—

13

1	2	3	4	1	2	3	4
1	—	𝄽	2	2	1	2	1

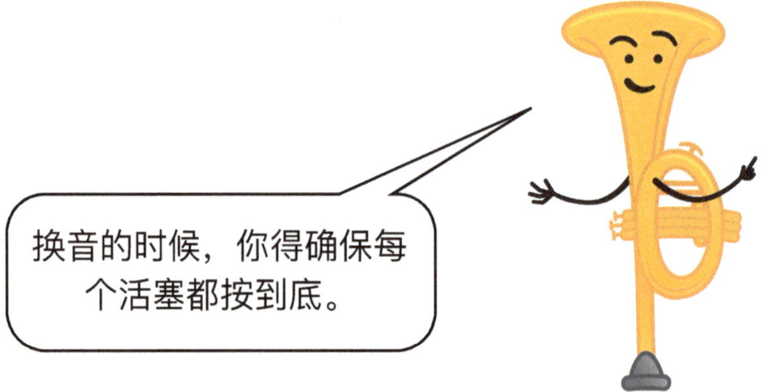

还原号

还原号（♮）会把升音（♯）和降音（♭）还原到原本的音。还原号、升号和降号的作用都只维持在它们所出现的一个小节之内，而还原号只能还原同一个小节内出现的升音或者降音。还原号、升号和降号都是**临时记号**。

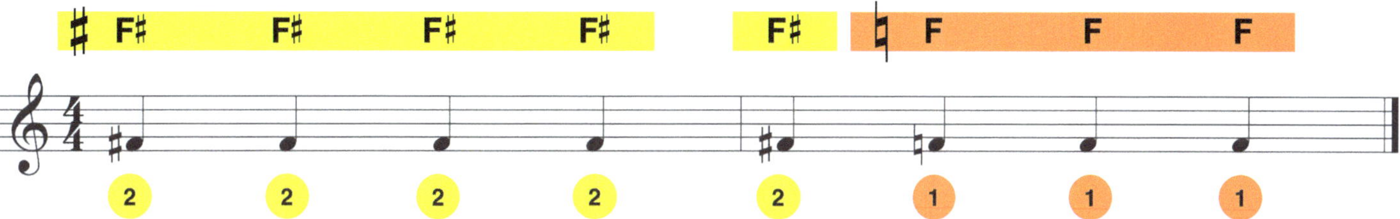

看谱吹奏

看着乐谱来吹奏下面的练习。

10

11

12

13

第一和第二活塞 

这个指法需要你一起按下第一和第二活塞。按第一和第二活塞的时候，你就会吹出一个比第一活塞低半度的音。我们用一个绿色圆圈和 "**12**" 来表示这个指法。

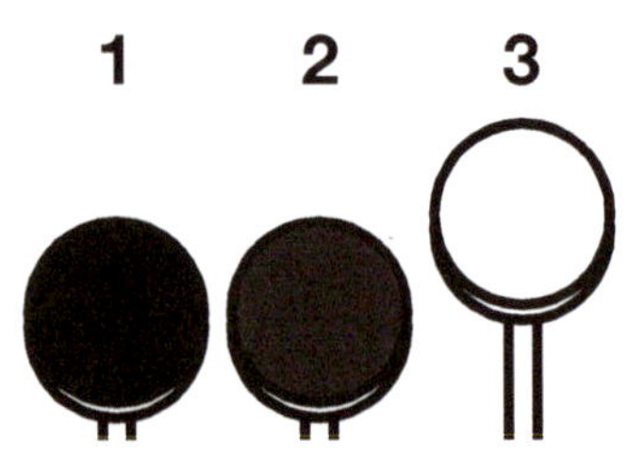

听音吹奏

听听以下这个练习，然后用彩色指法吹奏你听到的音。

14

15

16

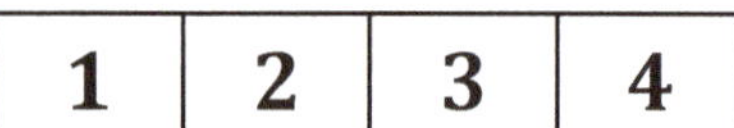

半度和一度

音和音之间的距离叫"度"。音和音之间有**一度**的距离，也有**半度**的距离。两个音之间最短的距离为半度。从一个音开始数两个半度为一个一度。

两个半度 ＝ 一个一度

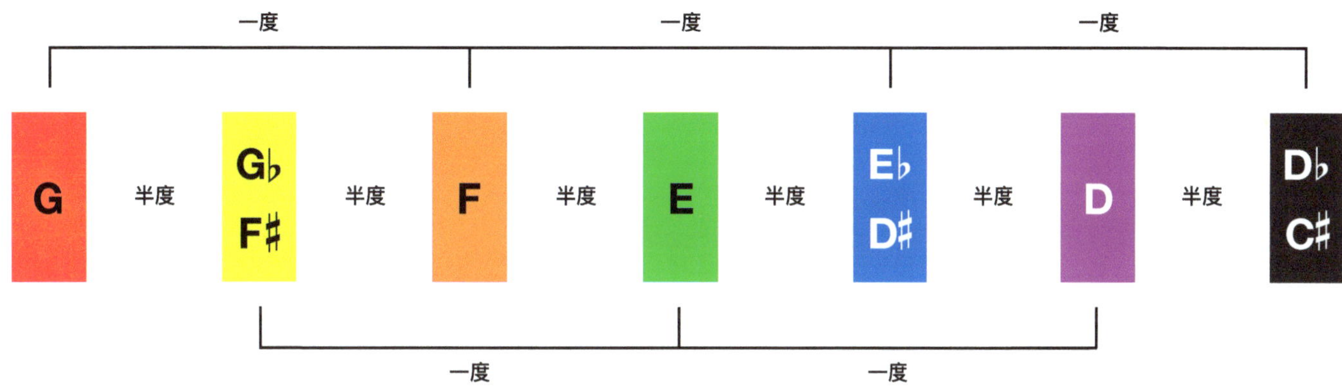

看谱吹奏

看着乐谱来吹奏下面的练习。

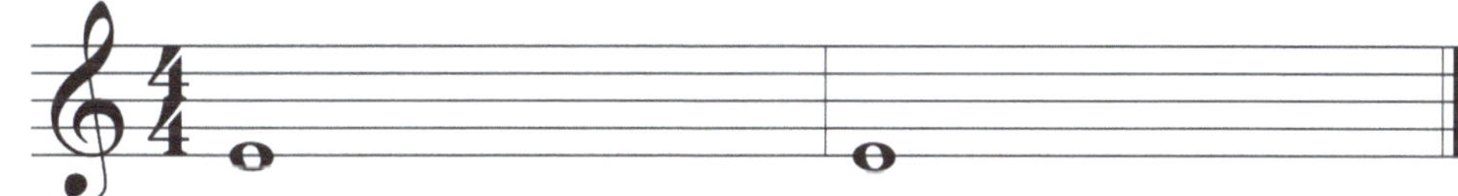

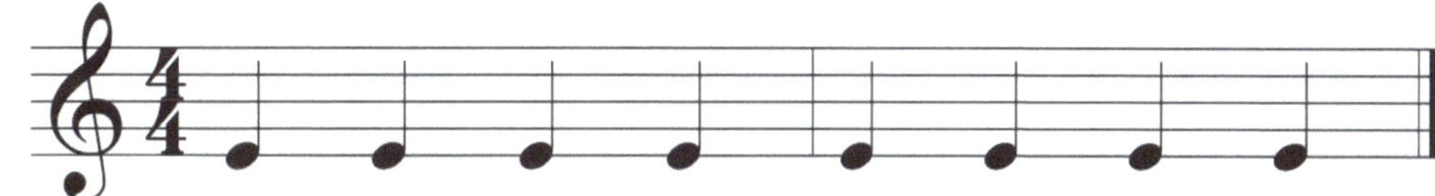

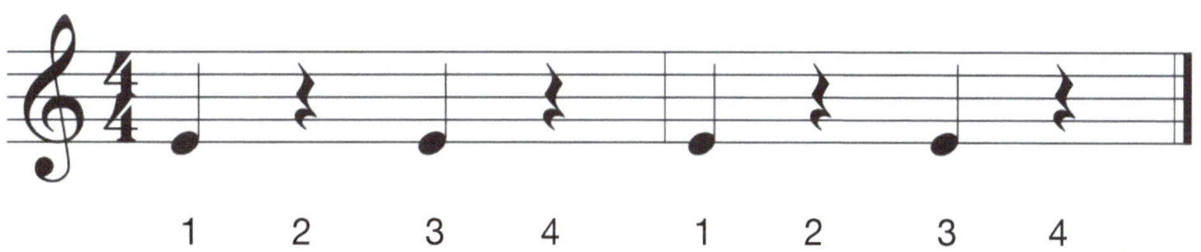

听音吹奏

听听以下这个练习，然后用彩色指法吹奏你听到的音。

17

| 1 | 2 | 3 | 4 |

0 0 1 1

| 1 | 2 | 3 | 4 |

12 𝄽 𝄽

18

| 1 | 2 | 3 | 4 |

12 1 1

| 1 | 2 | 3 | 4 |

0

19

| 1 | 2 | 3 | 4 |

0 2 0 1

| 1 | 2 | 3 | 4 |

0

20

| 1 | 2 | 3 | 4 |

0 2 1 12

| 1 | 2 | 3 | 4 |

1 2 0

21

| 1 | 2 | 3 | 4 |

12 2 0 2

| 1 | 2 | 3 | 4 |

12

看谱吹奏

看着乐谱来吹奏下面的练习。

17

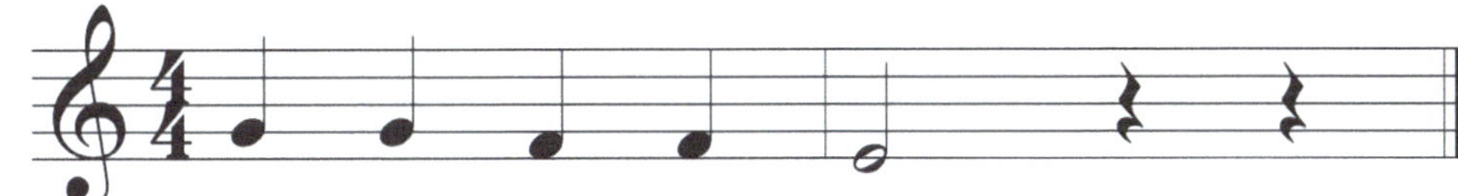

18

19

20

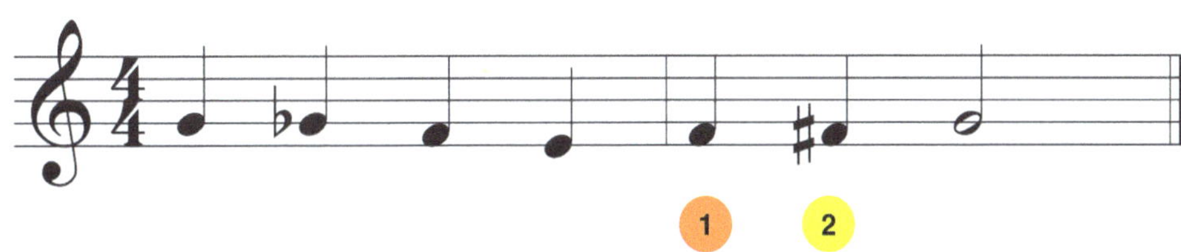

21

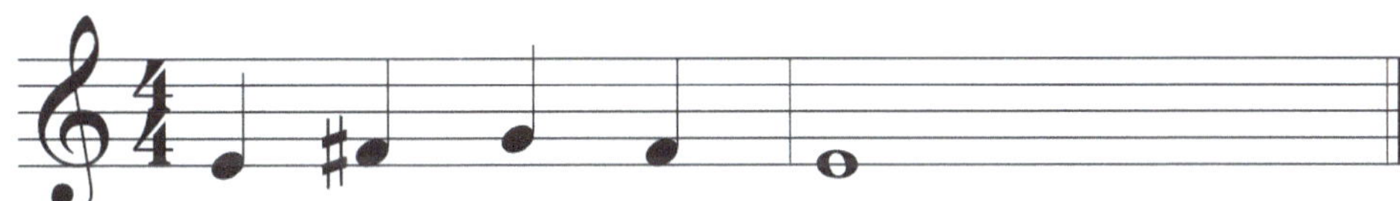

听音吹奏

听听以下这个练习，然后用彩色指法吹奏你听到的音。

22 初试啼声
(First Notes)

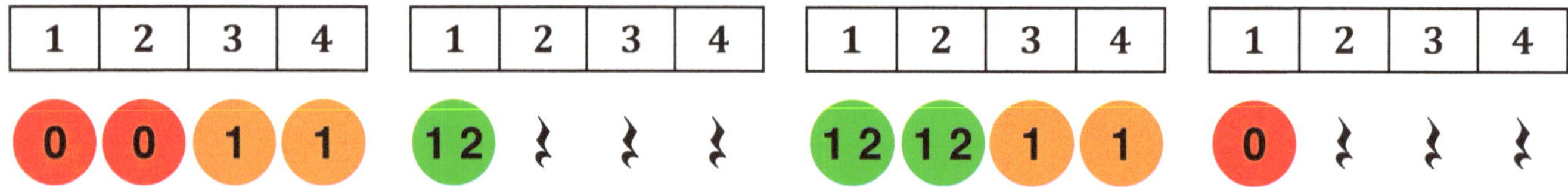

23 走下来，走上去
(Down and Up)

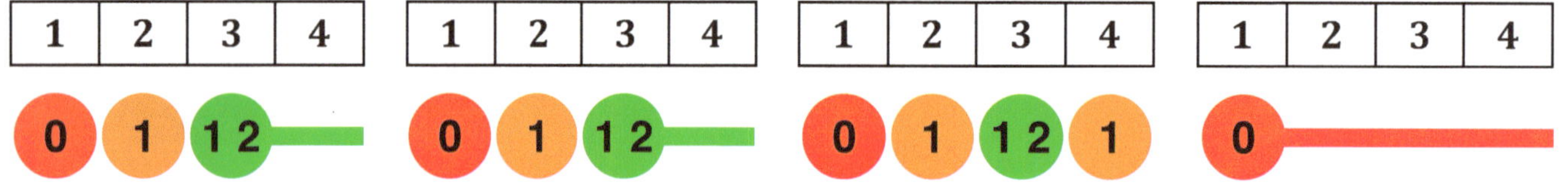

24 新一步
(A New Step)

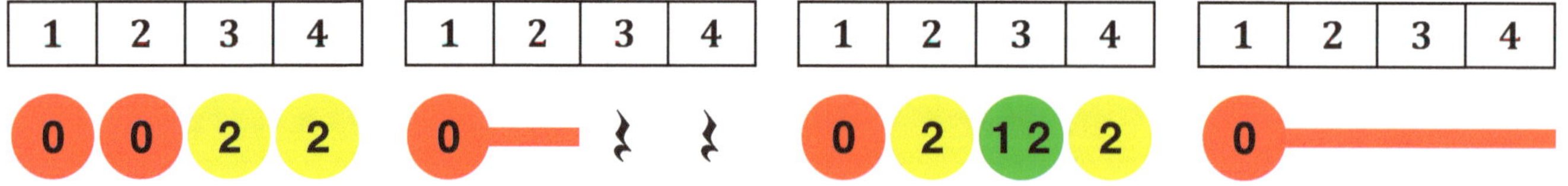

看谱吹奏

看着乐谱来吹奏下面的练习。

22 初试啼声
(First Notes)

23 走下来，走上去
(Down and Up)

24 新一步
(A New Step)

第二和第三活塞 

这个指法需要你一起按下第二和第三活塞。按第二和第三活塞的时候，你就会吹出一个比第一和第二活塞低半度的音。我们用一个蓝色圆圈和 **"23"** 来表示这个指法。

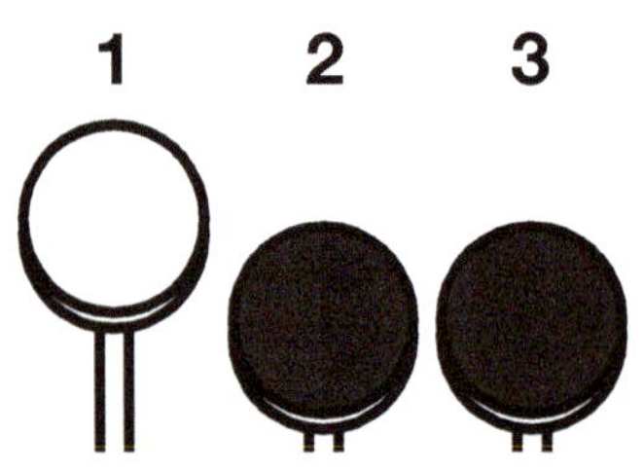

听音吹奏

听听以下这个练习，然后用彩色指法吹奏你听到的音。

25

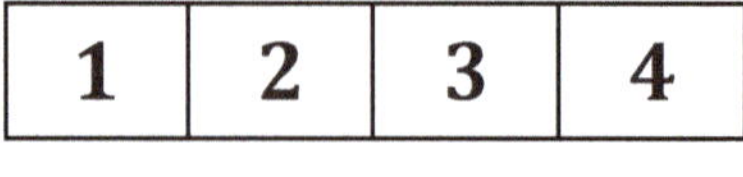

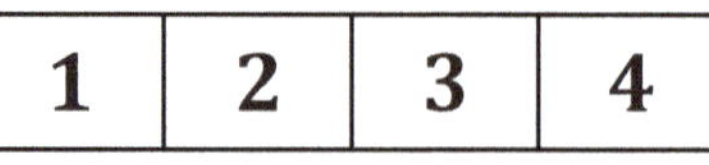

26

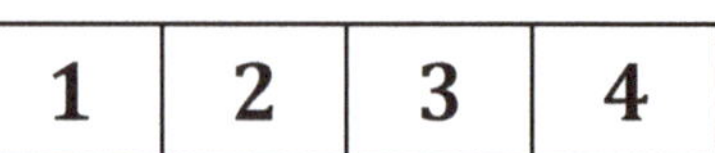

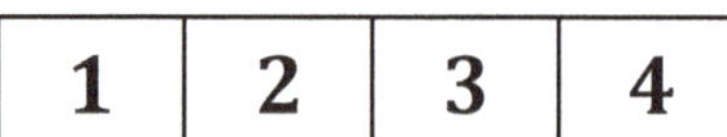

27

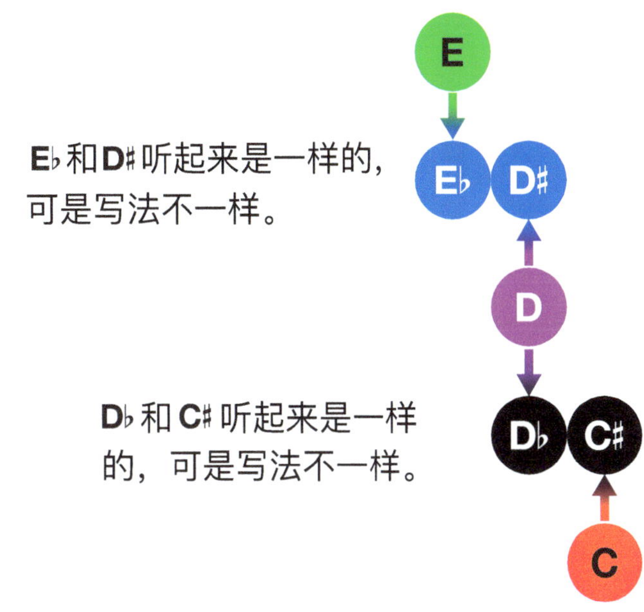

看谱吹奏

看着乐谱来吹奏下面的练习。

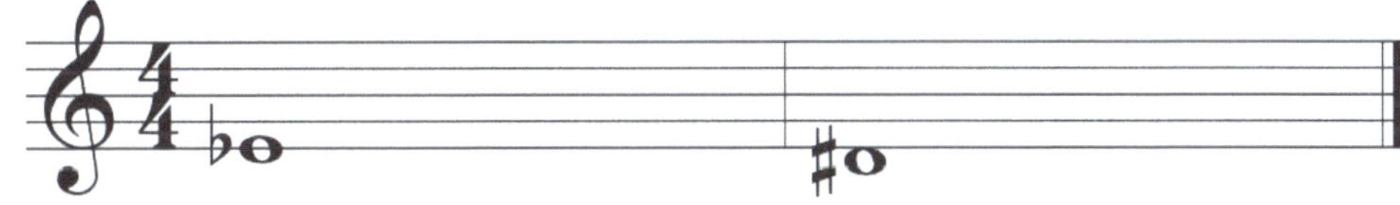

第一和第三活塞 

这个指法需要你一起按下第一和第三活塞。按第一和第三活塞的时候，你就会吹出一个比第二和第三活塞低半度的音。我们用一个紫色圆圈和 "**13**" 来表示这个指法。

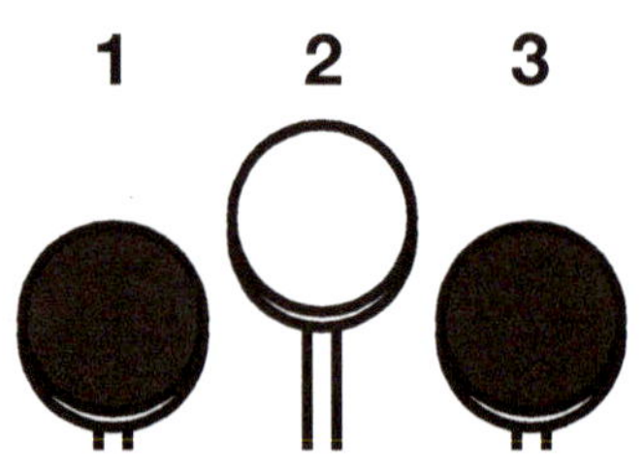

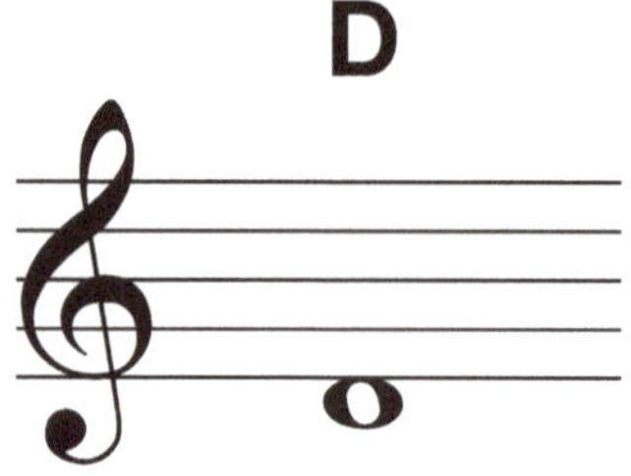

听音吹奏

听听以下这个练习，然后用彩色指法吹奏你听到的音。

28

1	2	3	4

13 ——————

1	2	3	4

13 ——————

29

1	2	3	4

13 13 13 13

1	2	3	4

13 13 13 13

30

1	2	3	4

13 ——— 13

1	2	3	4

13 ——— 13

附点音符

当一个音后面加上了一个点（·），意思就是说这个音的音长（四分音、二分音或者全分音）延长了一半。在下图，我们看到一个二分音（代表两拍），加上了一个附点（·），就成为三拍了。这就叫**附点音符**。

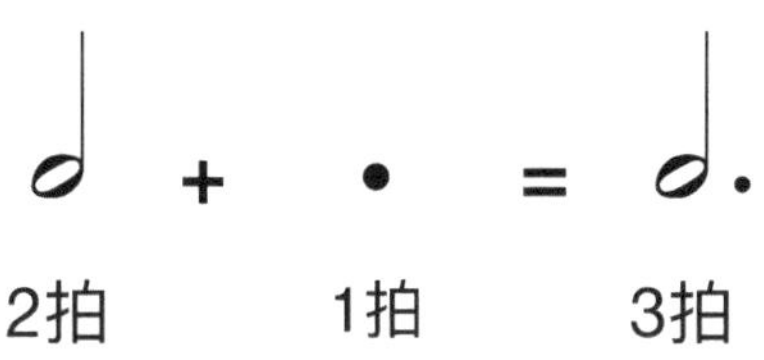

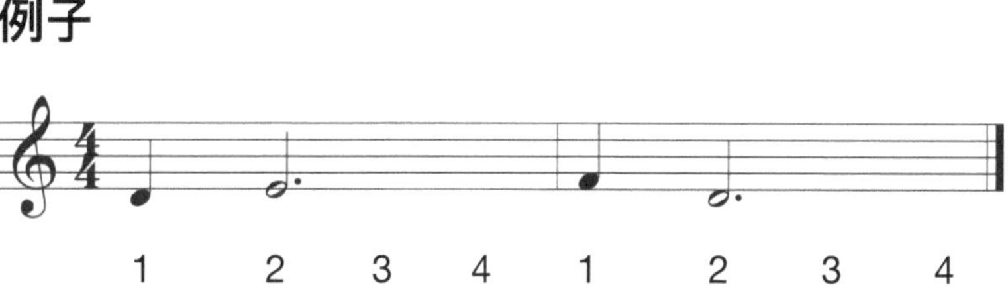

看谱吹奏

看着乐谱来吹奏下面的练习。

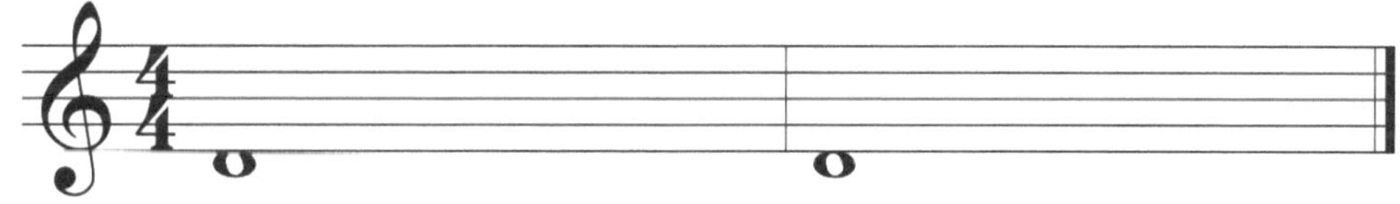

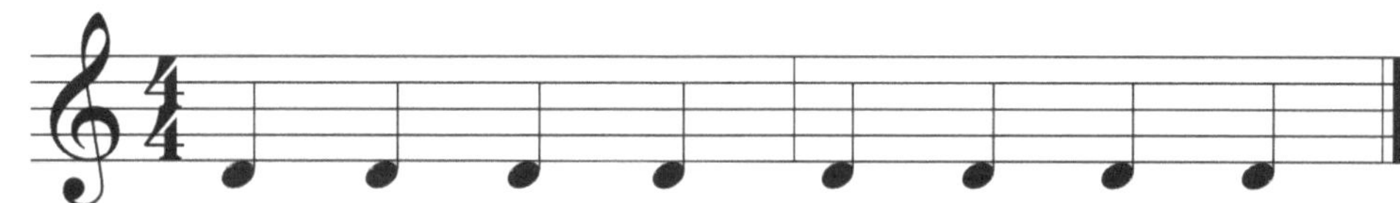

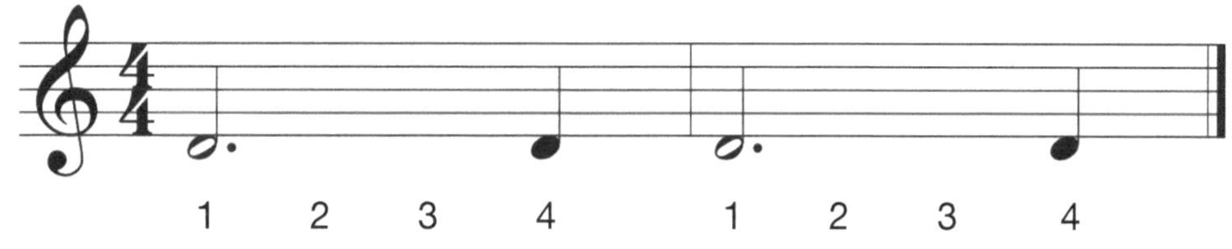

听音吹奏

听听以下这个练习，然后用彩色指法吹奏你听到的音。

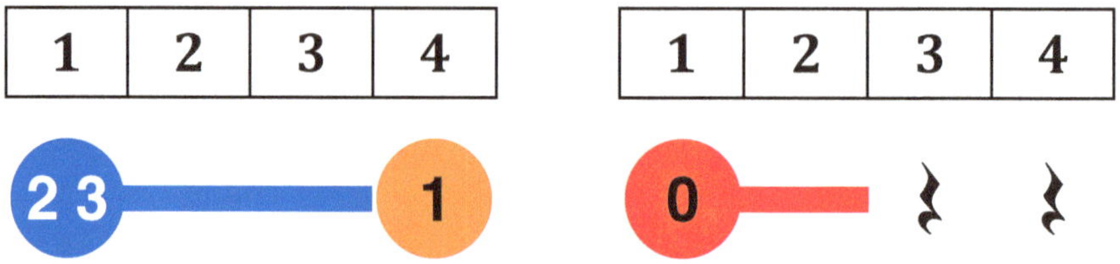

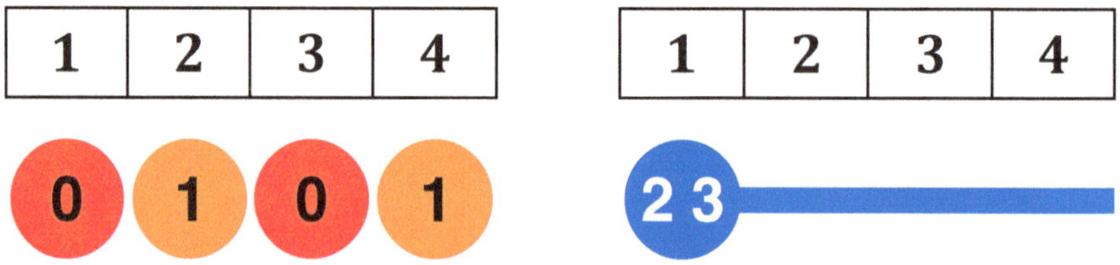

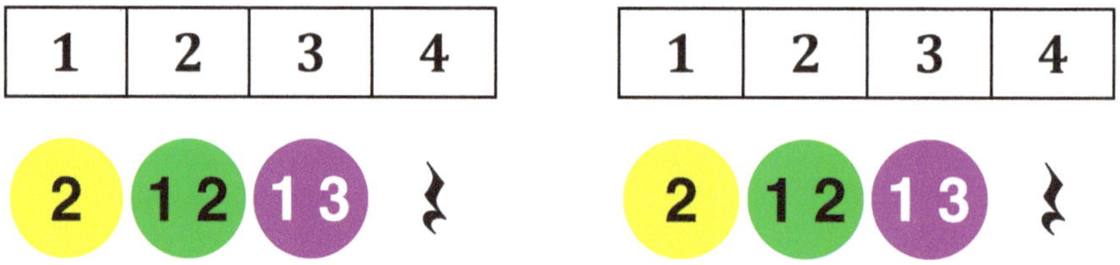

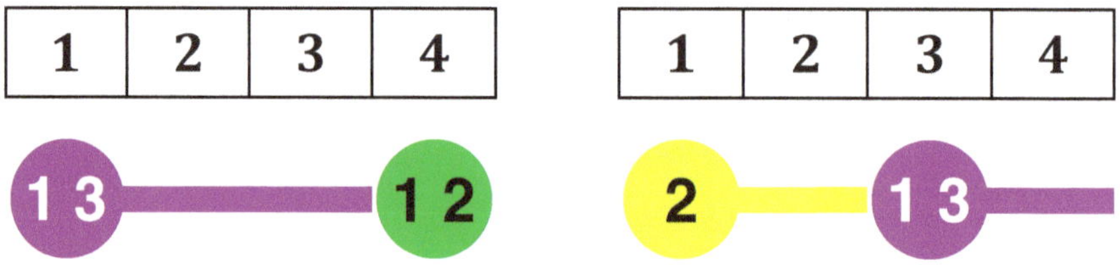

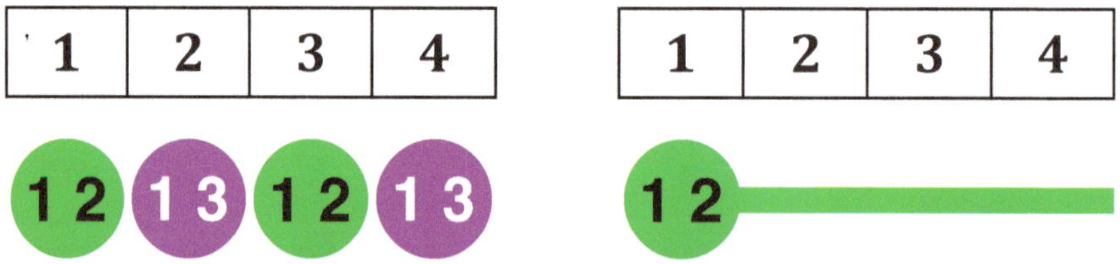

看谱吹奏

看着乐谱来吹奏下面的练习。

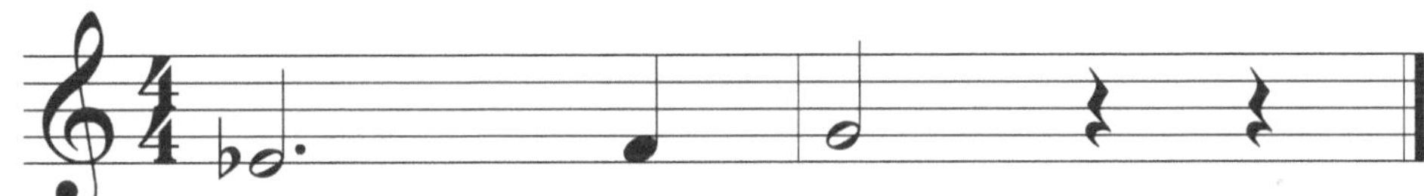

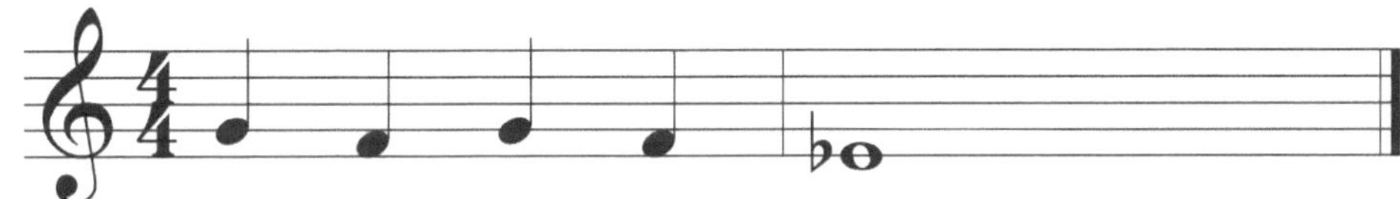

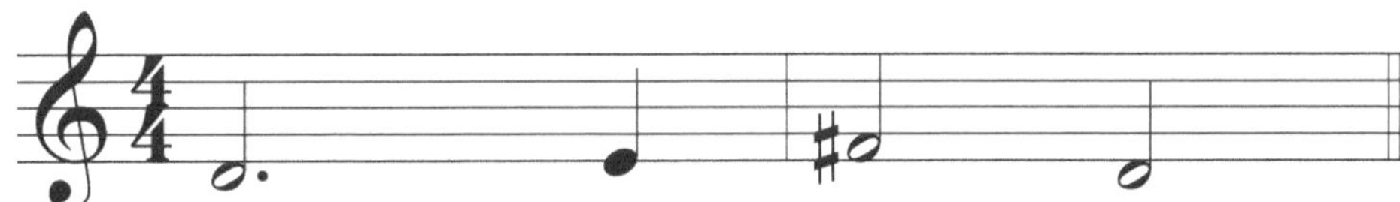

第一，第二和第三活塞 123

这个指法需要你一起按下全部三个活塞。按这三个活塞的时候，你就会吹出一个比第一、第三活塞低半度的音。我们用一个黑色圆圈和 **"123"** 来表示这个指法。

听音吹奏

听听以下这个练习，然后用彩色指法吹奏你听到的音。

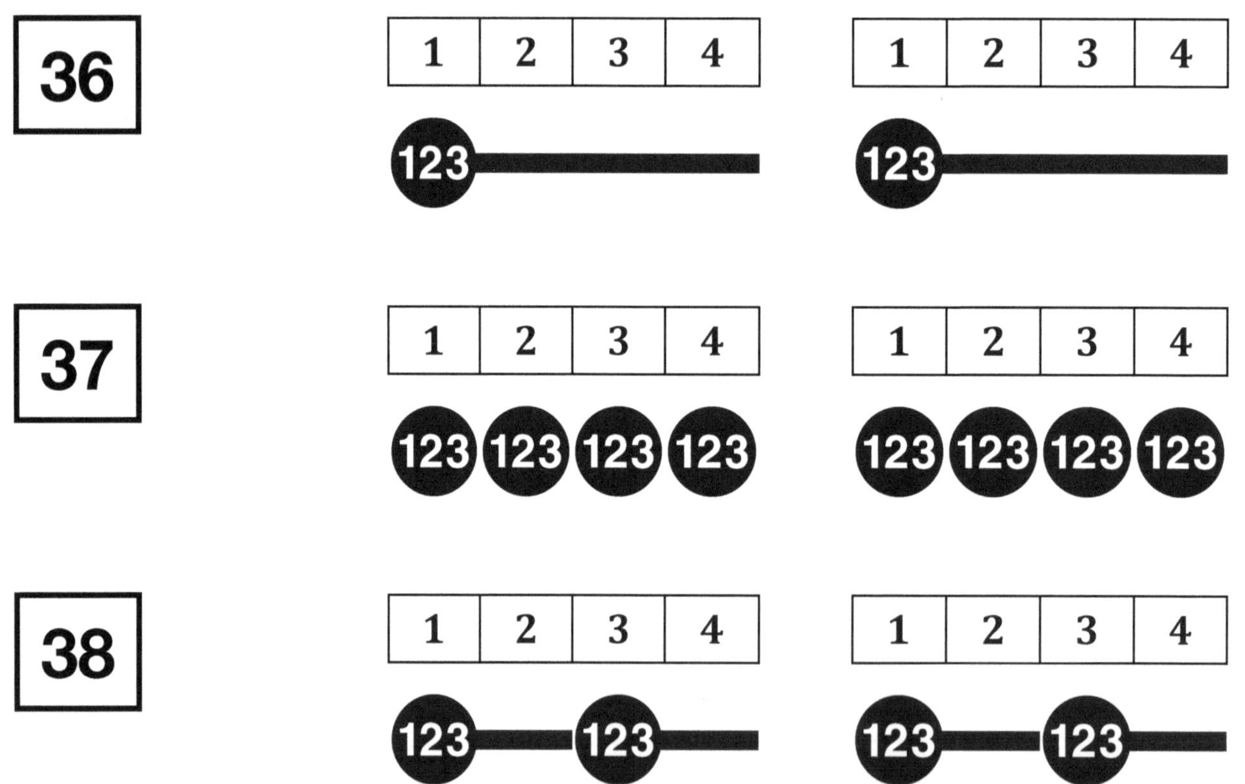

附加线

我们的乐谱有五根线、四行空间。有时候，我们要的音比五线谱上能画出来的音还要高、还要低。这个时候我们就需要在五线谱的上面或者下面，加**上附加线**。

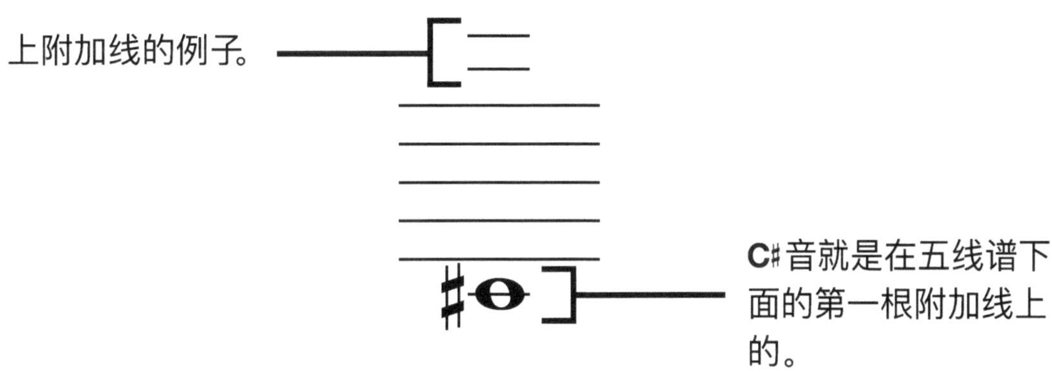

看谱吹奏

看着乐谱来吹奏下面的练习。

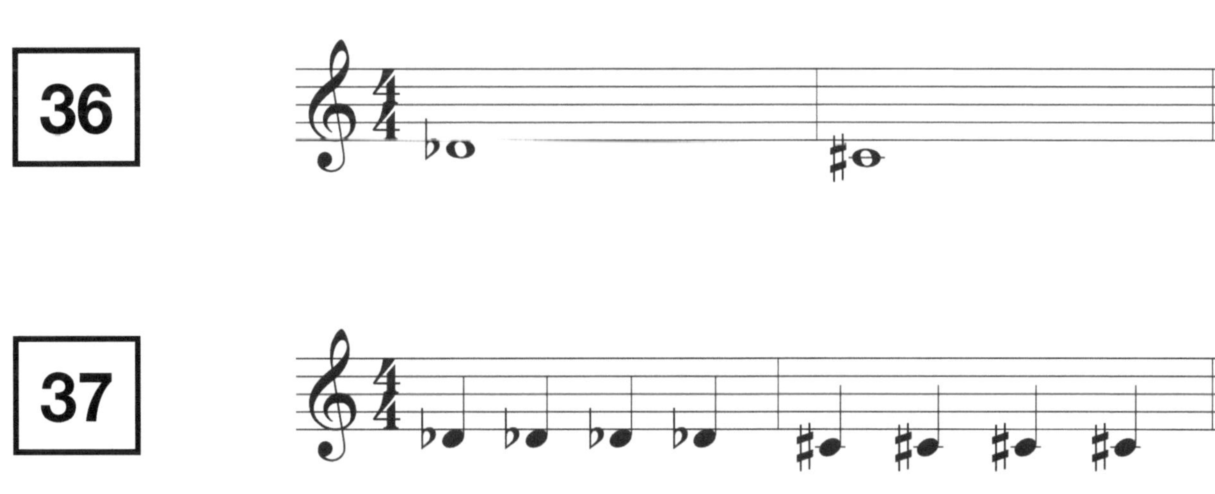

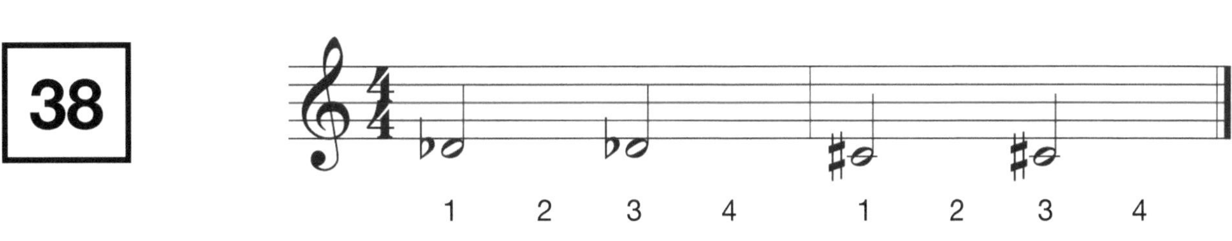

听音吹奏

听听以下这个练习，然后用彩色指法吹奏你听到的音。

39

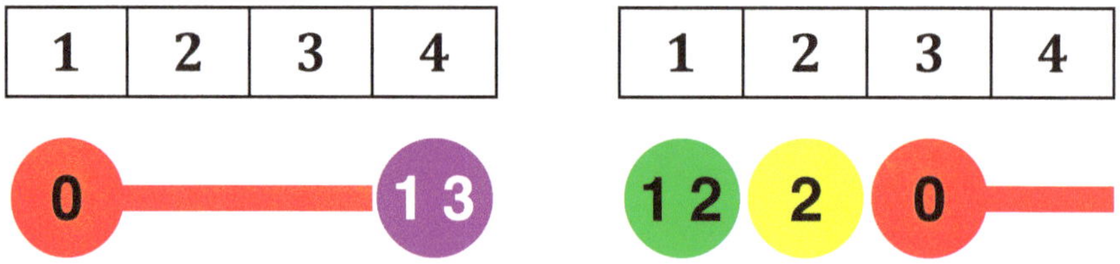

40

41

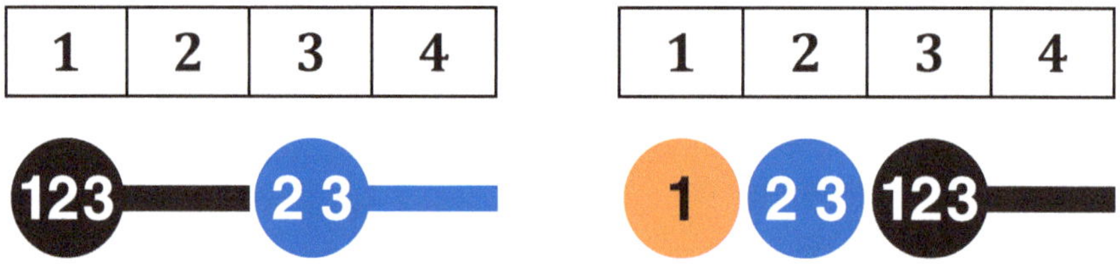

42

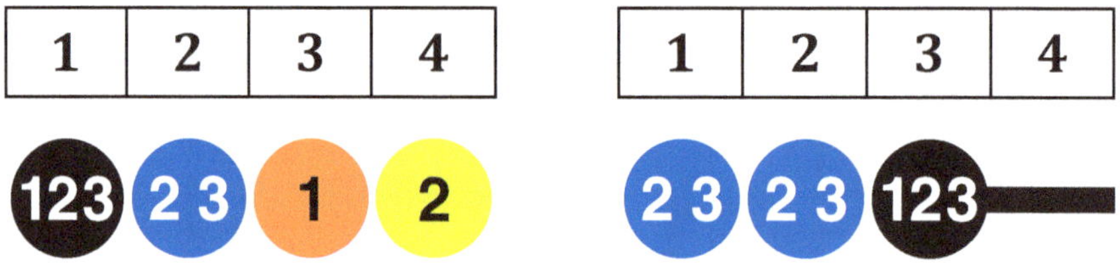

43

看谱吹奏

看着乐谱来吹奏下面的练习。

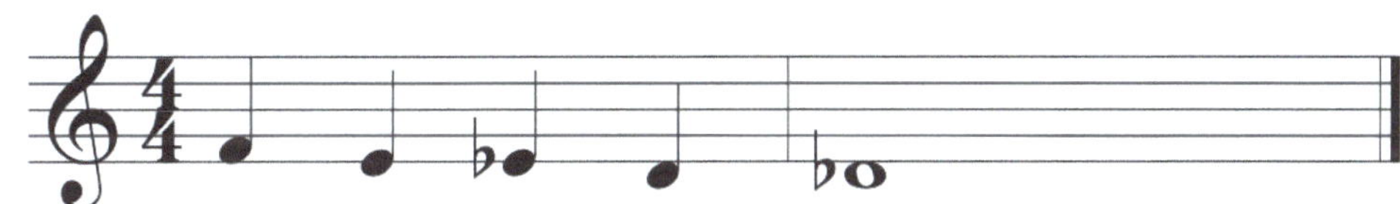

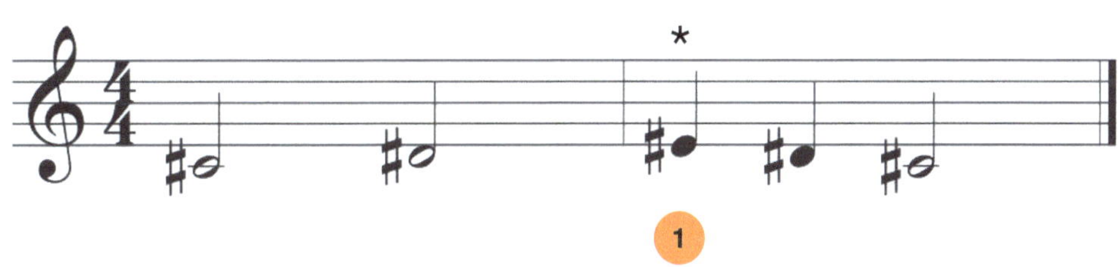

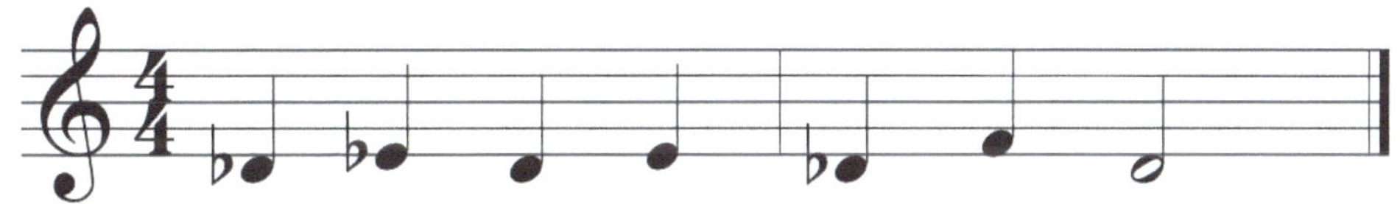

* 第41个练习里面有一个 **E**♯ 音。这是 **F** 音的另一个写法。

听音吹奏

听听以下这个练习，然后用彩色指法吹奏你听到的音。

44 ## 小调练习
(Minor Movement)

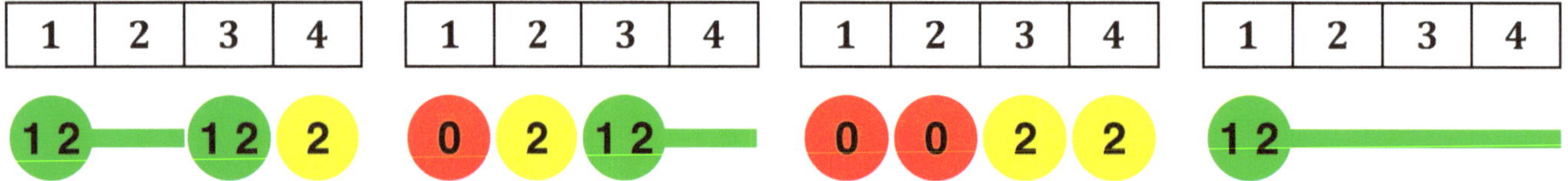

45 ## Ta Ta Ta Shh

46 ## 大踏步
(Major Steps)

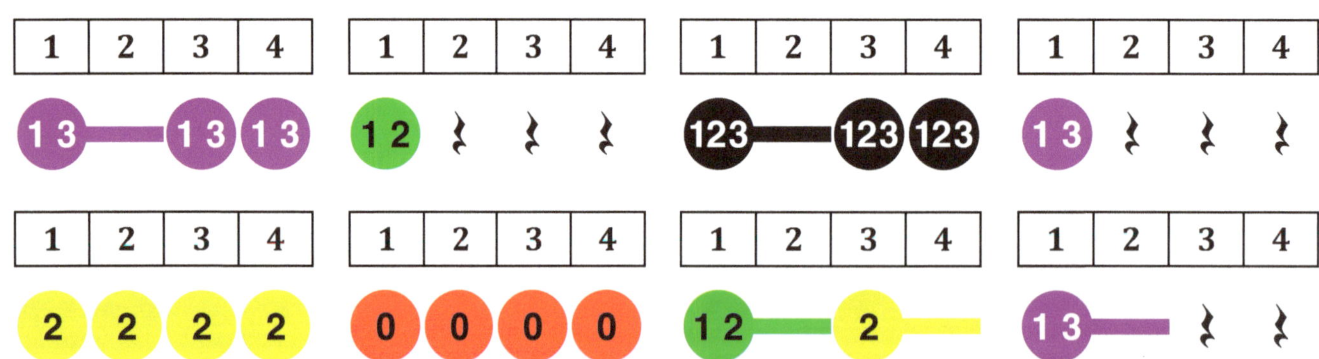

看谱吹奏

看着乐谱来吹奏下面的练习。

44 ## 小调练习
(Minor Movement)

45 ## Ta Ta Ta Shh

46 ## 大踏步
(Major Steps)

听音吹奏

听听以下这个练习，然后用彩色指法吹奏你听到的音。

47 玛丽有只小绵羊
(Mary Had a Little Lamb)

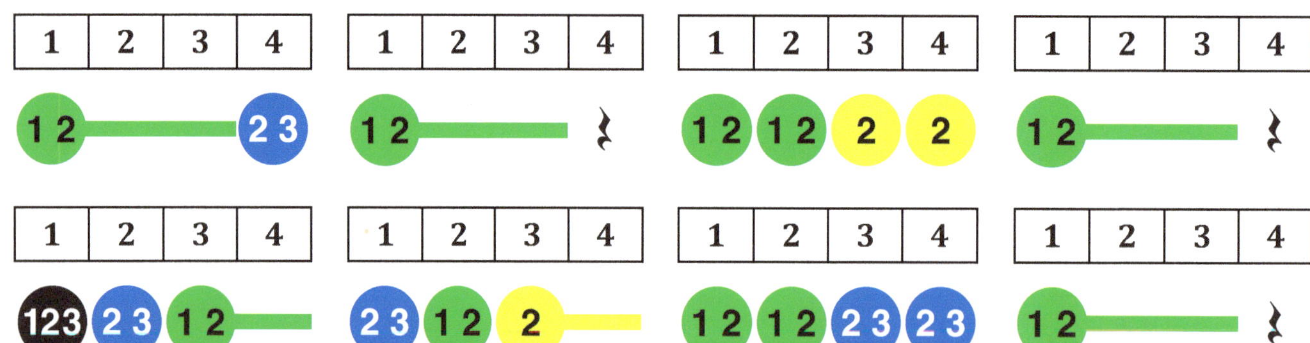

48 一步一步来
(One Step Away)

看谱吹奏

看着乐谱来吹奏下面的练习。

47 玛丽有只小绵羊
(Mary Had a Little Lamb)

48 一步一步来
(One Step Away)

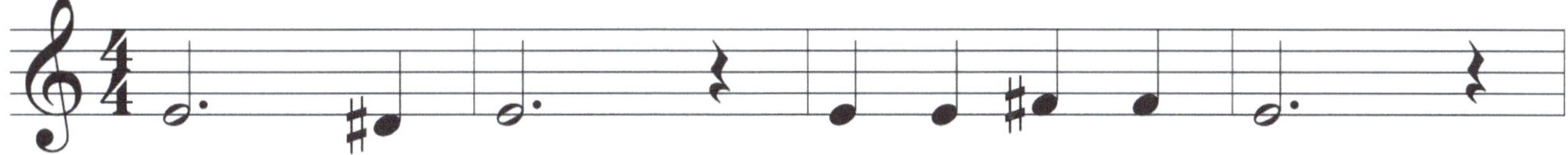

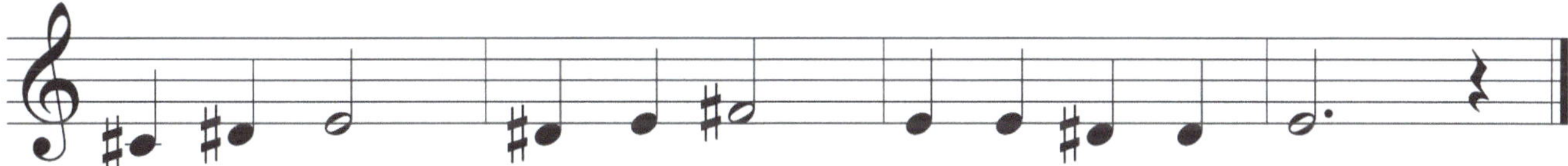

听音吹奏

听听以下这个练习，然后用彩色指法吹奏你听到的音。

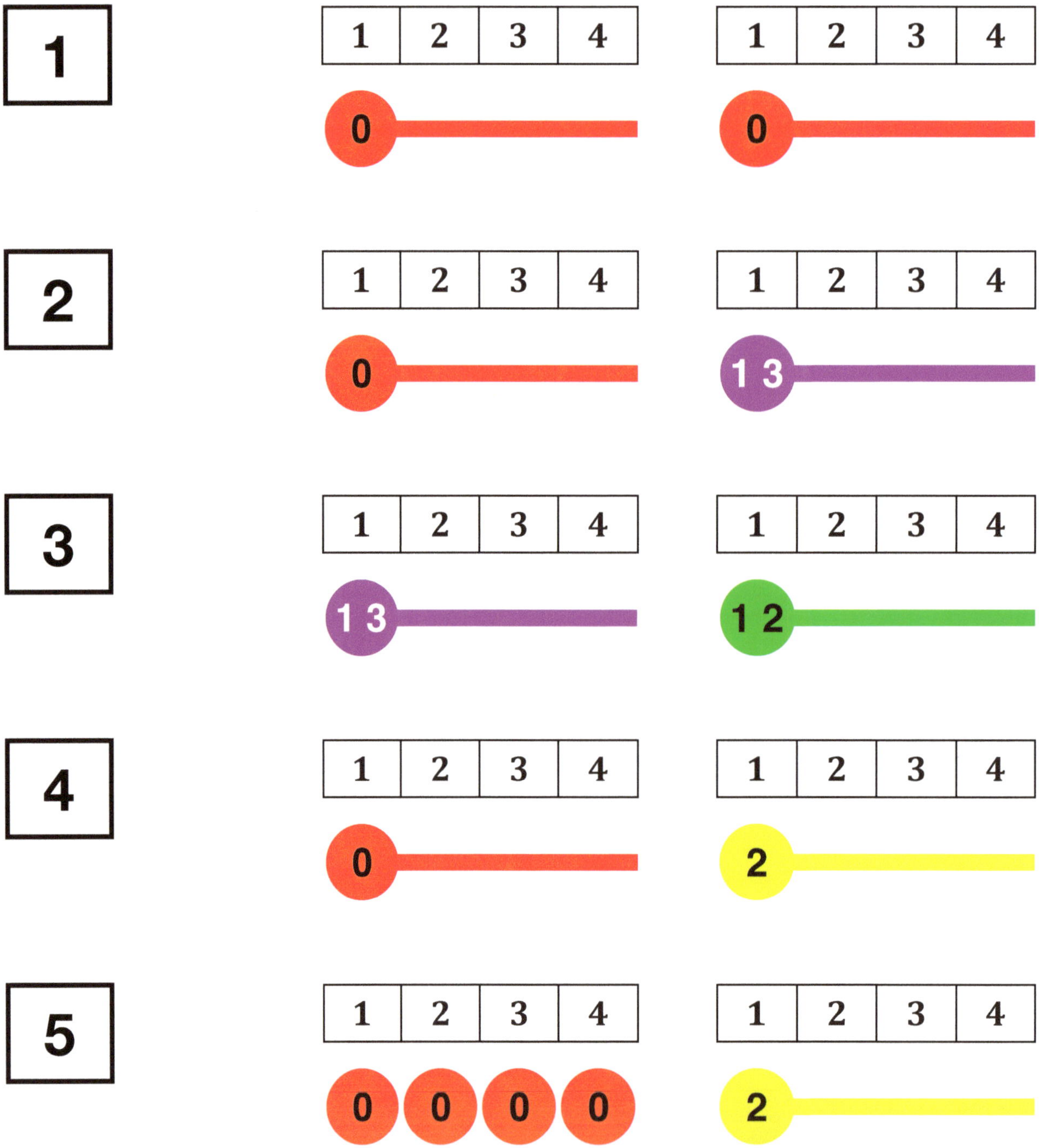

看谱吹奏

看着乐谱来吹奏下面的练习。

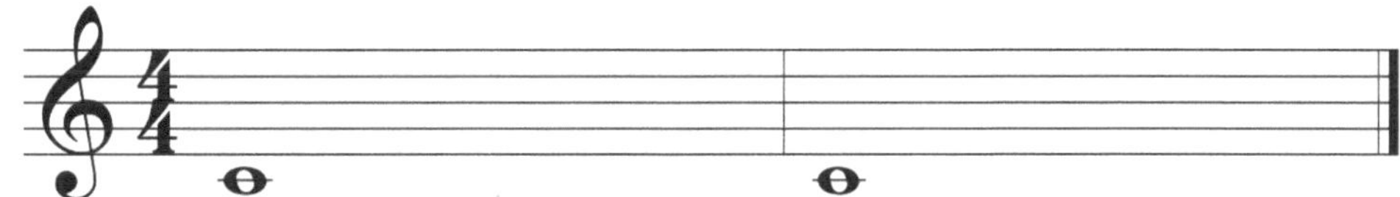

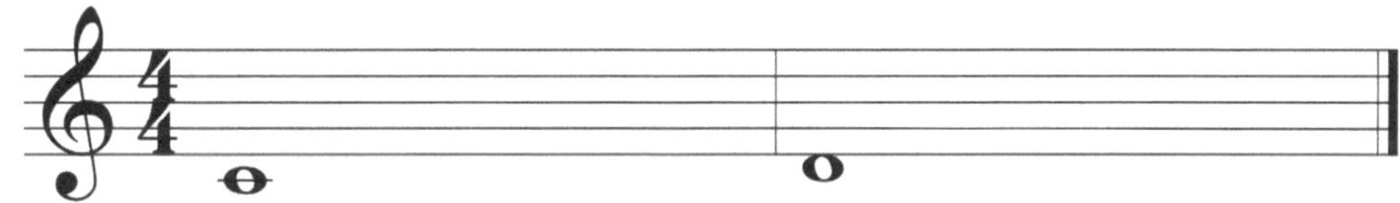

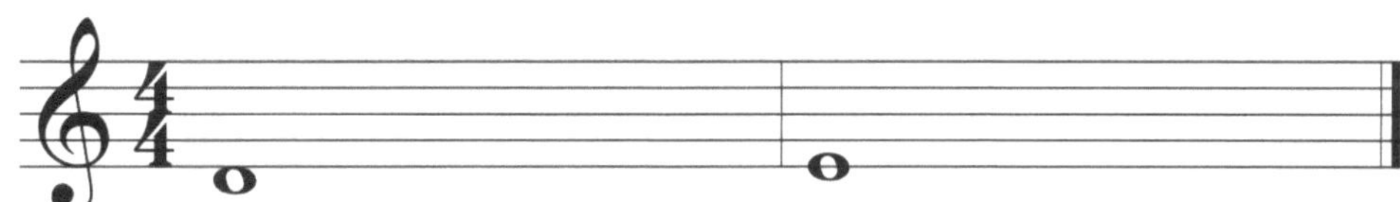

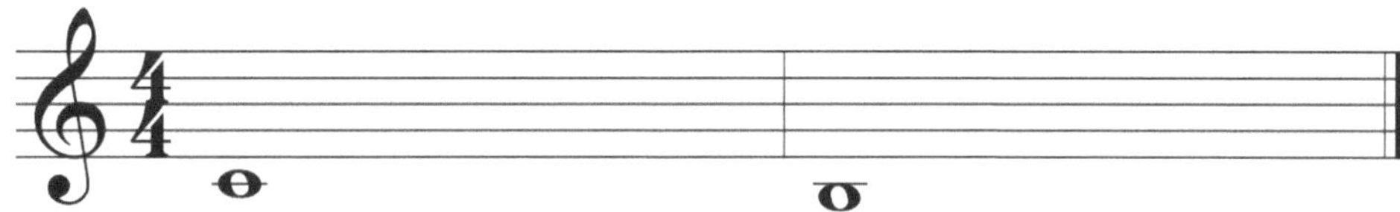

听音吹奏

听听以下这个练习，然后用彩色指法吹奏你听到的音。

6

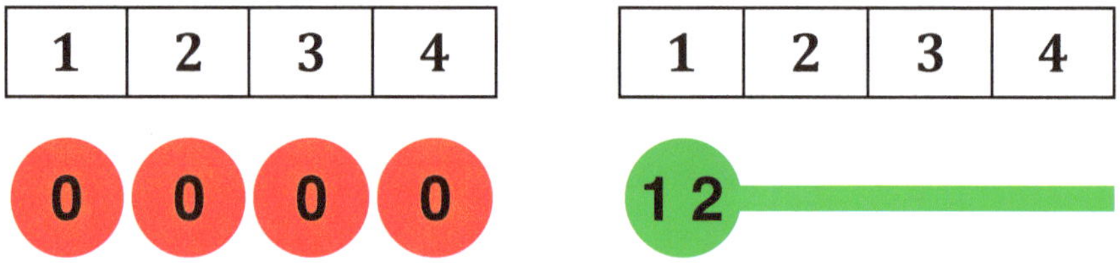

| 1 | 2 | 3 | 4 |

0 0 0 0

| 1 | 2 | 3 | 4 |

12

7

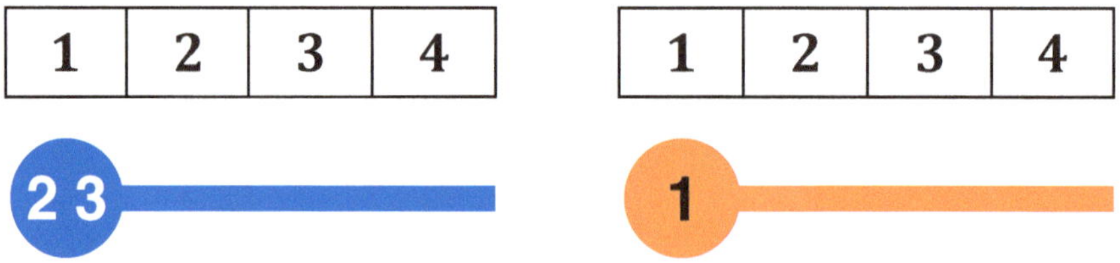

| 1 | 2 | 3 | 4 |

2 3

| 1 | 2 | 3 | 4 |

1

8

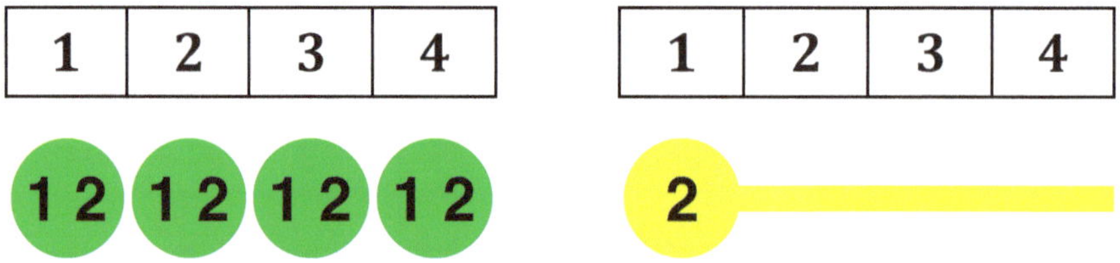

| 1 | 2 | 3 | 4 |

12 12 12 12

| 1 | 2 | 3 | 4 |

2

9

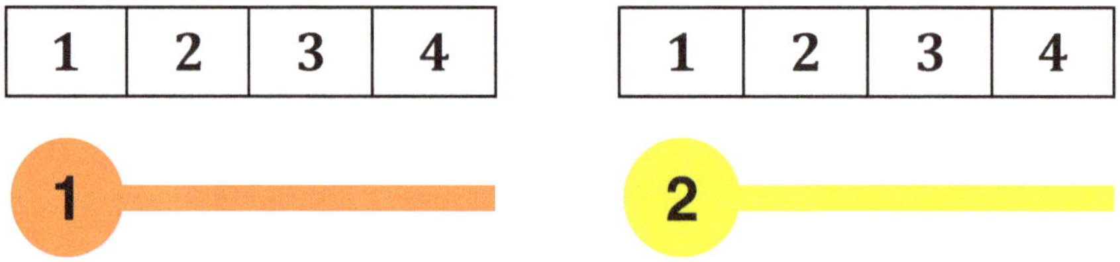

| 1 | 2 | 3 | 4 |

1

| 1 | 2 | 3 | 4 |

2

10

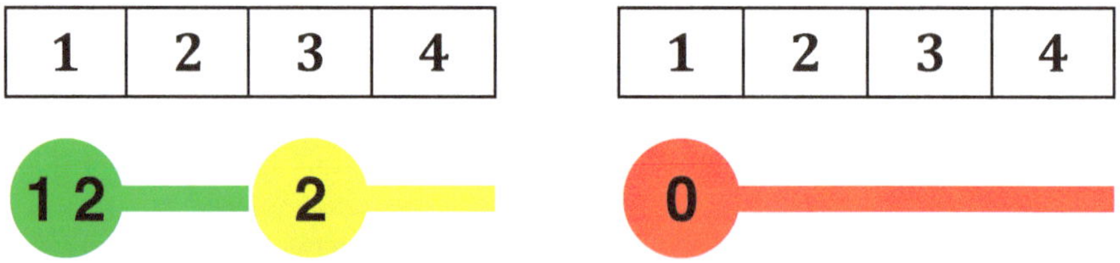

| 1 | 2 | 3 | 4 |

12 2

| 1 | 2 | 3 | 4 |

0

看谱吹奏

看着乐谱来吹奏下面的练习。

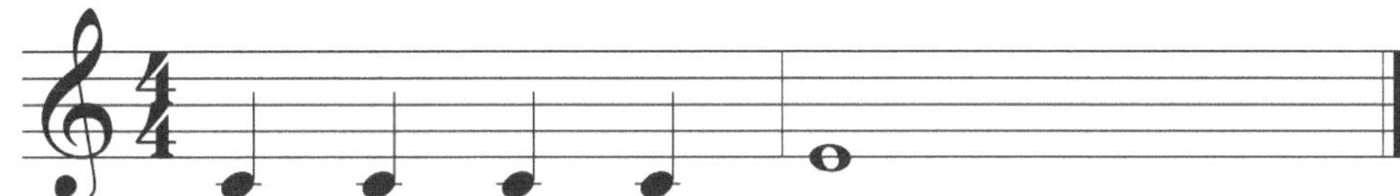

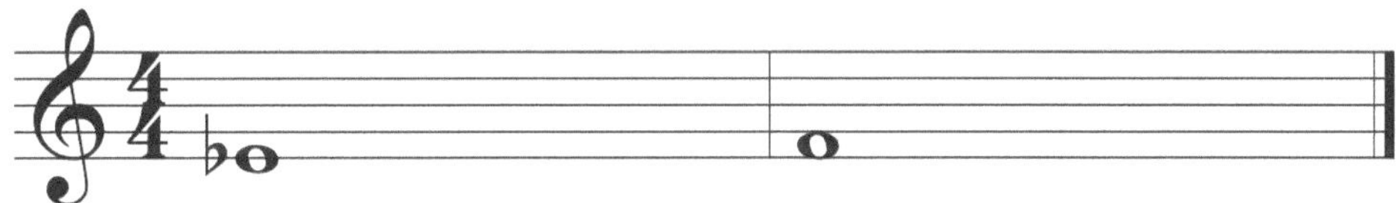

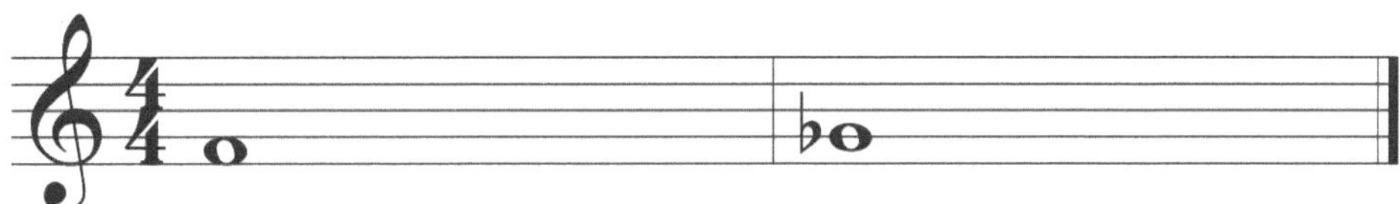

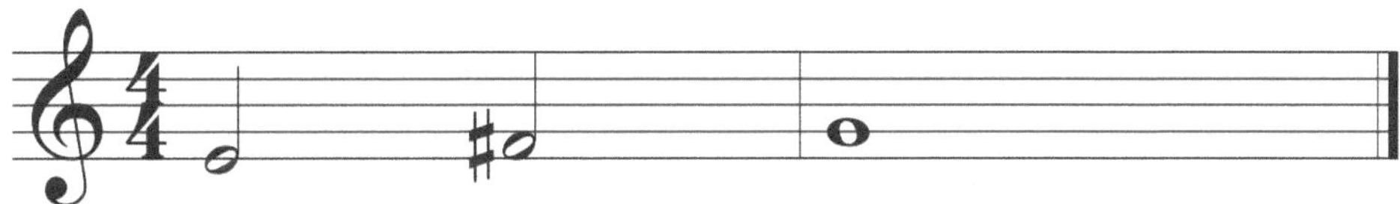

五线谱

五线谱是由五根线和四行间隙组成的。我们在线上和空隙中写着音符来表示音高，节奏，大小声和其他指示。

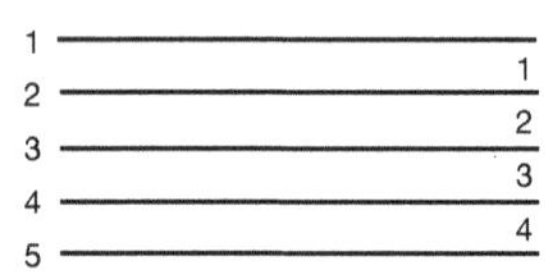

拍子记号（拍号）

拍子记号写在五线谱的开头。记号上方的数字显示一个小节有几拍，下方的数字显示一拍的节奏有多长。

$\frac{4}{4}$ 四拍为一个小节。一个四分音为一拍。

$\frac{2}{2}$ 两拍为一个小节。一个二分音为一拍。

谱号

谱号写在五线谱的开头。它显示谱上的线音和间音分别都是哪些音。

 **高音谱号** - 是高音乐器所用的，比如小号和圆号。

低音谱号 - 是低音乐器所用的，比如长号，上低音号，低音号等等。

高音谱号音符

音高 - 一个音听起来有多高。

音符 - 一个音的名字 (例子: **G, F♯, E**)。

拍子 - 音乐中稳定的节拍。

速度 - 拍子的快慢。

力度标记

力度标记告诉你应该奏得多大声，多小声。

ff **Fortissimo** - 很强

f **Forte** - 强

mf **Mezzo Forte** - 中强

mp **Mezzo Piano** - 中弱

p **Piano** - 弱

pp **Pianissimo** - 很弱

临时调号

♭ **降号** - 从原来的音降低半度。

♯ **升号** - 从原来的音提高半度。

♮ **还原号** - 在一个小节内还原临时记号的影响。

节奏

♪ 八分音　　　　　= 1/2 拍

♩ 四分音　　　　　= 1 拍

♩. 附点四分音　　　= 1 1/2 拍

♩ 二分音　　　　　= 2 拍

♩. 附点二分音　　　= 3 拍

𝅝 全分音　　　　　= 4 拍

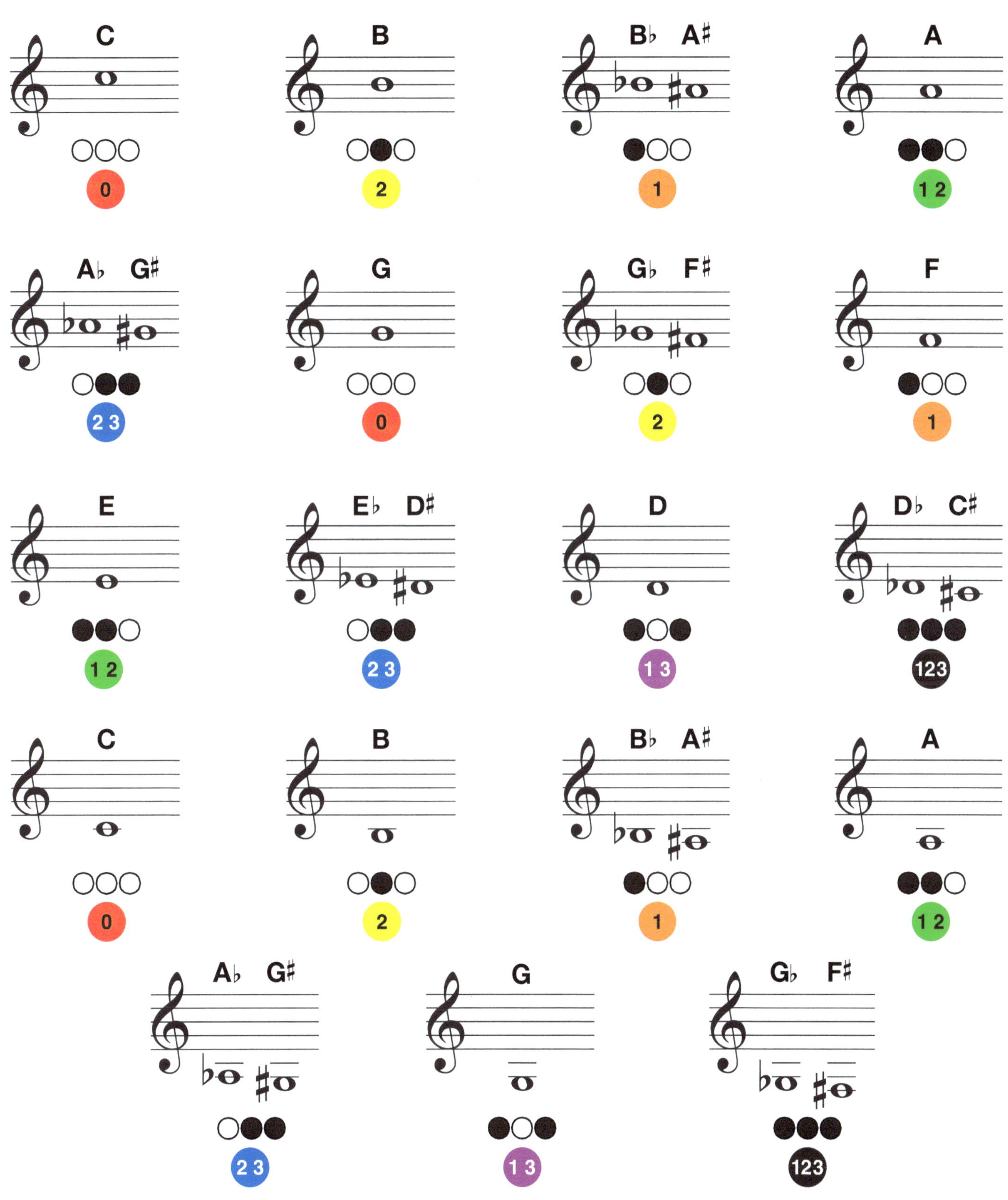

C
0
B
2
Bb A#
1
A
1 2
Ab G#
2 3
G
0
Gb F#
2
F
1
E
1 2
Eb D#
2 3
D
1 3
Db C#
123
C
0
B
2
Bb A#
1
A
1 2
Ab G#
2 3
G
1 3
Gb F#
123

小号（第一册）会介绍中音音域的音。学生会学习吹奏小号的基本原理，以及入门的音乐概念。

小号（第二册）会介绍低音音域的音。学生会学习滑音，八分音以及音阶。

小号（第三册）会介绍高音音域的音。学生会学习3/4拍子，附点四分音，和声小调音阶以及吹奏练习曲。